200
recetas para postres

200

recetas para postres

BLUME

Sara Lewis

BLUME

Título original:
200 Dessert recipes

Traducción:
Marina Huguet Cuevas

Revisión técnica de la edición en lengua española:
Eneida García Odriozola
Cocinera profesional
(Centro de formación de cocineros y pasteleros de Barcelona Bell Art).
Especialista en temas culinarios

Coordinación de la edición en lengua española:
Cristina Rodríguez Fischer

Primera edición en lengua española 2010
Reimpresión 2011

© 2010 Naturart, S.A. Editado por BLUME
Av. Mare de Déu de Lorda, 20
08034 Barcelona
Tel. 93 205 40 00 Fax 93 205 14 41
e-mail: info@blume.net
© 2008 Octopus Publishing Group, Londres

I.S.B.N.: 978-84-8076-907-5
Depósito legal: B. 810-2011
Impreso en Tallers Gràfics Soler, S.A.,
Esplugues de Llobregat (Barcelona)

WWW.BLUME.NET

En las recetas que se presentan en este libro se utilizan medidas
de cuchará estándar. Una cucharada sopera equivale a 15 ml;
una cucharada de café equivale a 5 ml.

El horno debería precalentarse a la temperatura requerida;
siga siempre las instrucciones que marca su horno.

La leche que debe utilizarse en la preparación de los postres debe incluir
toda su nata, salvo que se indique lo contrario.

Las autoridades sanitarias aconsejan no consumir huevos crudos. Este libro
incluye algunas recetas en las que se utilizan huevos crudos o poco cocinados.
Resulta recomendable y prudente que las personas vulnerables, tales como
mujeres embarazadas, madres en período de lactancia, minusválidos, ancianos,
bebés y niños en edad preescolar eviten el consumo de los platos preparados
con huevos crudos o poco cocinados. Una vez preparados, estos platos
deben mantenerse refrigerados y consumirse rápidamente.

Este libro incluye recetas preparadas con frutos secos y derivados de los
mismos. Es aconsejable que las personas que son propensas a sufrir
reacciones alérgicas por el consumo de los frutos secos y sus derivados,
o bien las personas más vulnerables (como las que se indican en el párrafo
anterior), eviten los platos preparados con estos productos. Compruebe
también las etiquetas de los productos que adquiera para preparar los alimentos.

Este libro se ha impreso sobre papel manufacturado con materia prima procedente
de bosques sostenibles. En la producción de nuestros libros procuramos, con
el máximo empeño, cumplir con los requisitos medioambientales que promueven
la conservación y el uso sostenible de los bosques, en especial de los bosques
primarios. Asimismo, en nuestra preocupación por el planeta, intentamos emplear
al máximo materiales reciclados, y solicitamos a nuestros proveedores que usen
materiales de manufactura cuya fabricación esté libre de cloro elemental (ECF)
o de metales pesados, entre otros.

contenido

introducción

introducción

Pocas personas pueden resistirse a un postre. Un buen postre nos puede alegrar después de un mal día en el trabajo, hacer desvanecer la melancolía o ser el gran final para una comida especial o una sorprendente alternativa a un ramo de flores al visitar a los amigos. Entre las más de 200 recetas de este libro, seguro que encontrará algo para todas las ocasiones.

Los que necesiten su dosis de chocolate, pueden escoger entre delicias como la *coulant* de dos chocolates (*véase* pág. 38), recién salida del horno y rociada con crema de chocolate blanco, o un trozo de Tarta de chocolate con nubes (*véase* pág. 42). Si le encantan las tartas, pruebe la Tarta de manzana y frutos rojos (*véase* pág. 70), que se derrite en la boca, o la Gran tarta de hojaldre con manzana (*véase* pág. 90). Pero si quiere cuidar su línea, también encontrará recetas más saludables con fruta fresca, como la Ensalada verde de fruta (*véase* pág. 204).

¿Tiene poco tiempo? Puede hacer trampa y usar una masa brisa o de hojaldre preparada para hacer extraordinarios postres como la Celosía de hojaldre con melocotón y arándanos (*véase* pág. 64), la Tarta *frangipane* con cerezas (*véase* pág. 82) o la deliciosa Tarta de limón y merengue (*véase* pág. 74). Más fácil de hacer es la base de tarta con galletas trituradas, como la de la Tarta de plátano y caramelo (*véase* pág. 108). En el capítulo titulado «Para el último momento» hay multitud de ideas para hacer postres en no más de 10-20 minutos, como el Helado de mango y tamarindo (*véase* pág. 200) o el Mini Alaska (*véase* pág. 218).

Si le gusta organizarse con tiempo, pruebe con una de las recetas heladas del capítulo «Para refrescarse», como la Tarta crujiente de lima y fruta de la pasión (*véase* pág. 164) o el Granizado de menta (*véase* pág. 180). Estos postres helados son perfectos después de una barbacoa en el jardín o un curry picante en invierno.

En la actualidad, nuestro acelerado ritmo de vida hace que un pastel casero sea algo extraordinario en lugar de algo frecuente, pero cuando se tiene tiempo para hacerlo no sólo recompensa con creces, sino que es una manera excelente de relajarse.

En las páginas 9-14 se describen las técnicas para hacer postres: montar huevos y azúcar, incorporar ingredientes, trabajar con chocolate, hacer merengues, forrar un molde con masa y decorar una tarta. En la página 15 encontrará recetas para hacer masa brisa y de hojaldre casera.

batir huevos con azúcar

A la hora de hacer *mousses*, suflés fríos, crema sabayon, *zabaglione*, brazos de gitano o un bizcocho esponjoso, la receta exigirá que se batan huevos con azúcar hasta que el batidor, al levantarlo, deje un rastro cremoso. Lo mejor es hacerlo con una batidora manual eléctrica en un bol con los huevos y el azúcar sobre una cacerola con agua hirviendo a fuego muy lento. El agua caliente acelera el proceso de batido y aumenta el volumen de aire que queda atrapado en los huevos y el azúcar (si tiene una batidora fija, hágalo sobre la superficie de trabajo; tardará un poco más).

Tres huevos tardan 8-10 minutos en espesarse. Para saber cuándo está lista la mezcla, levante el batidor e intente dibujar un zigzag con la mezcla; si el dibujo se queda en la superficie, ya está.

montar nata

Muchas personas tienden a montar demasiado la nata doble (48 % de materia grasa) o la nata para montar (36 %). El secreto es montar la nata doble hasta que empiece a formar suaves picos, ya que se volverá más densa después de un tiempo de reposo. Montar demasiado la nata hace que ésta adopte una textura granulada, casi mantecosa, lo que hace que se eche a perder el postre.

incorporar ingredientes

Una vez montadas las claras de huevo a punto de nieve, puede que se le pida que incorpore fruta triturada, nata montada o chocolate derretido para hacer un suflé frío o un *mousse* o harina tamizada para hacer un bizcocho esponjoso.

Utilice una cuchara grande y honda (una cuchara de servir resulta perfecta) y vaya introduciendo y girando la cuchara dentro de la mezcla haciendo un movimiento en forma de ocho. Procure hacerlo con cuidado para no eliminar todo el aire que ha conseguido que incorporen las claras.

9

hacer merengues

El bol y el batidor deben estar secos y sin rastro de grasa. Si cae alguna gota de yema en las claras cuando separe las dos partes del huevo, sáquela con la ayuda de un trozo de cáscara, ya que si hay yema, por muy pequeña que sea su cantidad, las claras no se montarán.

1 Monte las claras a punto de nieve. Si no sabe muy bien si ya están listas, dé la vuelta al bol; si las claras se quedan ahí, ya está, pero si empiezan a deslizarse o a caer, bátalas un poco más.

2 Vaya incorporando gradualmente el azúcar. Puede parecer un proceso muy lento, pero así se consigue un buen merengue denso. Cuando ya haya añadido todo el azúcar, bata un par de minutos más hasta que el merengue tenga una consistencia densa y brillante.

3 Dé forma a los merengues con la cuchara o espárzalos sobre una bandeja de horno forrada con papel sulfurizado y cueza de acuerdo con la receta hasta que los merengues estén crujientes y puedan desengancharse fácilmente del papel. Si se enganchan al papel, todavía no están listos. Vuelva a ponerlos en el horno durante 10-20 minutos y pruebe de nuevo.

trabajar con chocolate

Para derretir chocolate, trocéelo y caliéntelo durante
5 minutos más o menos en un bol sobre una cacerola
con agua hirviendo a fuego lento pero sin que la base
del bol toque el agua. Remueva antes de usar.

Las virutas de chocolate son fáciles de hacer
con la ayuda de un pelador de verduras. Coloque
una tableta de chocolate sobre una tabla de cortar
con la parte inferior lisa boca arriba. Pase el pelador
de verduras por la parte superior del chocolate
con el mango casi tocando el borde de la tableta.
Si las virutas son demasiado pequeñas, caliente
el chocolate en el microondas durante 10 segundos
a máxima potencia (o en un horno caliente) y
vuelva a probar. Cuando el chocolate se ablanda,
las virutas aumentan de tamaño.

forrar un molde con masa

Un molde para tartas con base extraíble facilita
el trabajo a la hora de sacar la tarta del molde
tras hornearla.

1 Estire la masa sobre una superficie espolvoreada
con un poco de harina hasta que sea un poco
mayor que el molde.

2 Levante la masa con la ayuda de un rodillo
y póngala sobre el molde. Con los dedos,
introduzca la masa en el molde asegurándose
de que la base y las paredes queden bien forrados.

3 Corte la masa sobrante con un rodillo o un cuchillo
pequeño y después estire un poco la masa
para que sobresalga por el borde del molde. Deje en
la nevera durante 15 minutos o más, si tiene tiempo,
para procurar que no se encoja antes de hornearla.

cocer en ciego

Este extraño término significa simplemente hornear
la base de la tarta sin relleno.

1 Ponga el molde para tartas en una bandeja
de horno y después pinche la base de la masa
con un tenedor.

2 Forre con papel encerado o sulfurizado. Rellene
la mitad del molde con macarrones crudos
o alubias secas para que la masa conserve la forma.

3 Hornee a 190 °C durante 10-15 minutos
o hasta que la masa esté cocida y después
retire el papel y el relleno. Hornee la base de la tarta
vacía durante 5 minutos más hasta que los bordes
estén dorados y la base esté seca y crujiente
o durante 10 minutos más si el relleno no va a cocerse.

cubrir y decorar una tarta

Consejos para darle un acabado profesional
a una tarta de frutas con masa brisa o de hojaldre.

1 Corte una tira estrecha de los bordes
de la misma anchura que el reborde del molde
para tartas. Pinte el reborde del molde con agua,
huevo batido o leche y pegue las tiras juntando
los extremos hasta que el reborde esté completamente
cubierto.

2 Estire la masa restante con la ayuda de
un rodillo y póngala sobre la tarta. Presione
los bordes y corte la masa sobrante con un cuchillo
pequeño.

3 Selle la tarta haciendo pequeños cortes horizontales alrededor del borde. Esto ayuda a que las capas de hojaldre se separen y suban durante el horneado y, en una tarta de masa brisa, puede dar la impresión de haber diferentes capas.

5 Pinte la tarta con un poco de huevo batido o leche para glasearla. Para decorar con hojas de la misma masa, estire los recortes, corte una tira de unos 2,5 cm de ancho y después corte rombos. Marque venas con un cuchillo y ondule los extremos de la hoja. Póngalas ejerciendo un poco de presión sobre la tarta glaseada y después pinte con un poco más de huevo batido o leche.

4 Marque canales presionando con los dedos índice y corazón sobre el borde de la tarta y haga pequeños cortes con un cuchillo entre ellos para crear un borde ondulado. Repita la operación en toda la tarta.

6 También puede hacer corazones, círculos, formas festivas o números con masa de las partes sobrantes con moldes para galletas y después pegarlas a la tarta glaseada con un poco más de huevo batido o leche.

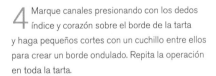

masa brisa dulce

Esta masa versátil y fácil de hacer es perfecta
para bases de tartas, tortas o tartas cubiertas. Esta
receta basta para forrar un molde para tartas de
25 cm o para 450 g de masa.

250 g de **harina común**, y un poco más
para espolvorear
25 g de **azúcar lustre**
125 g de mezcla de **mantequilla sin sal**
y **manteca vegetal blanca**, o mantequilla, a dados
8-9 cucharaditas de **agua** fría

Ponga la harina en un bol, añada el azúcar y
la mantequilla y la manteca cortadas a dados
y mézclelo todo bien con los dedos de modo
que la mantequilla y la manteca queden en trozos
pequeños. Siga hasta que la mezcla parezca
migas de pan. (Para ir más rápido, use una batidora
eléctrica o un robot de cocina). Añada 8 cucharaditas
de agua fría y mezcle con una espátula hasta
que el pan rallado empiece a aglutinarse y después
amase con los dedos, añadiendo una cucharadita
extra de agua si lo cree necesario hasta formar
una bola. Amase suavemente sobre una superficie
espolvoreada con un poco de harina y después
ponga la masa en la nevera, envuelta con film
transparente, durante 15 minutos, o si lo prefiere
estírela, forre un molde para tartas con ella y póngala
en la nevera así. Si la masa se enfría, se relaja
y se encoge menos cuando se hornea.

masa de hojaldre

Esta masa ligera es perfecta para hacer las veces
de tapa en postres como la Gran tarta de hojaldre
con manzana (*véase* pág. 90) o para postres
del estilo celosía de hojaldre, tartas cubiertas
o pastas individuales. Esta receta basta para forrar
un molde de 1,2 l o para 500 g de masa.

250 g de **harina común**, y un poco más
para espolvorear
una pizca de **sal**
75 g de **manteca**
75 g de **mantequilla sin sal**
2 cucharaditas de **zumo de limón**
5-6 cucharadas de **agua** fría

Ponga la harina y la sal en un bol, añada una
cuarta parte de la manteca y una cuarta parte
de la mantequilla y mézclelo todo con los dedos
hasta que la mezcla parezca pan rallado. Añada
el zumo de limón y agua fría, mezclando con
una espátula, como para formar una bola blanda
pero no pegajosa. Amase suavemente y estire
la masa sobre una superficie espolvoreada con
un poco de harina para obtener un rectángulo
de unos 46 x 15 cm. Ponga la mitad de la manteca
y de la mantequilla restante en trocitos por encima
de dos terceras partes de la masa. Doble la tercera
parte de la masa sin manteca hacia el centro y
después pliegue el tercio que no ha quedado cubierto
también hacia el centro, de modo que la manteca
quede encerrada. Selle los bordes apretando
bien y después dele un cuarto de vuelta. Estire
la masa de nuevo, ponga trozos de manteca
encima y dóblelo como antes. Dele otro cuarto
de vuelta, estire y doble dos veces más. Envuelva
con film transparente y ponga en la nevera
durante 30 minutos.

para entrar
en calor

pudin de limón

tiempo de preparación
20 minutos
tiempo de cocción **25 minutos**

75 g de **mantequilla sin sal**,
   a temperatura ambiente
150 g de **azúcar de grano fino**
cáscara rallada de 2 **limones**,
   más el zumo de 1 limón
3 **huevos**, con yemas y claras
   separadas
50 g de **harina con levadura
   incorporada**
300 ml de **leche**
azúcar lustre, para espolvorear
   (opcional)

Unte con mantequilla una fuente de 1,2 l y después póngala en una bandeja de horno. Ponga el resto de la mantequilla en un bol con el azúcar y la cáscara de limón. Monte las claras a punto de nieve. Con el mismo batidor, sin haberlo lavado, mezcle la mantequilla, el azúcar y la cáscara de limón hasta obtener una consistencia cremosa y después añada la harina y las yemas de huevo.

Vaya incorporando la leche y el zumo de limón hasta que quede homogéneo. Puede parecer que la mezcla se separa un poco, pero este efecto desaparecerá durante la cocción.

Incorpore con cuidado las claras montadas y después vierta la mezcla en la fuente untada con mantequilla. Ponga agua caliente del grifo en la bandeja de horno de modo que ésta cubra la mitad de la fuente.

Cueza en un horno precalentado a 190 °C durante 25 minutos hasta que la masa haya subido ligeramente, adquiera un color dorado y la parte de arriba empiece a resquebrajarse. Clave un cuchillo en el centro; las dos terceras partes superiores deben tener consistencia de suflé y la parte del fondo debe quedar como una jugosa crema. Si el centro sigue poco hecho, cueza 5 minutos más.

Espolvoree el pudin con un poco de azúcar lustre tamizado, si lo desea, y sirva inmediatamente en un plato hondo. No deje reposar el pudin, si no, éste absorberá la crema.

Para preparar un pudin al Grand Marnier, utilice la cáscara rallada de 1 naranja grande en lugar de la cáscara de limón y sustituya el zumo de limón por 3 cucharadas de Grand Marnier. Cueza tal como se indica en la receta.

peras asadas con especias orientales

4 raciones
tiempo de preparación
20 minutos
tiempo de cocción **25 minutos**

4 peras
8 cucharadas de **jerez seco**
o dulce
8 cucharadas de **agua**
6-8 **anises estrellados**
1 **rama de canela**, troceada
8 **clavos**
8 **vainas de cardamomo**,
machacadas
50 g de **mantequilla sin sal**
4 cucharadas de **azúcar**
mascabado claro
1 **naranja**

Deje la piel de las peras y córtelas por la mitad, de arriba abajo. Sáqueles el corazón y póngalas en una bandeja de horno con la parte cortada hacia arriba. Ponga 1 cucharada de jerez en los orificios donde estaba el corazón y vierta agua en la base de la bandeja. Eche las especias por encima, incluidas las vainas de cardamomo y sus semillas negras. Ponga un poquito de mantequilla encima de cada pera y después espolvoree con azúcar.

Pele la naranja y eche la cáscara en la bandeja. Corte la naranja a gajos, exprímalos sobre las peras y después ponga los gajos en la base de la bandeja.

Cueza en un horno precalentado a 180 °C durante 25 minutos hasta que las peras estén tiernas y empiecen a dorarse, echándoles por encima los jugos de la bandeja a la mitad y al final de la cocción.

Sirva en platos llanos, rocíe con los jugos de la bandeja y acompañe con nata agria o yogur griego.

Para preparar manzanas asadas con pimienta, quite el corazón y corte por la mitad 4 manzanas y póngalas, con la parte cortada hacia arriba, en una bandeja de horno. Eche 200 ml de sidra por encima de las manzanas y en la bandeja. Espolvoree con 1 cucharadita de granos de pimienta de colores machacados y 1 rama de canela partida. Ponga un poco de mantequilla por encima y espolvoree con azúcar tal como se indica en la receta. Pele 1 limón y reserve su cáscara para decorar. Corte el limón a gajos, exprímalos sobre las manzanas y ponga los gajos en la base de la bandeja. Cueza como antes.

bizcocho con dátiles y *toffee*

8 raciones
tiempo de preparación
20 minutos
tiempo de cocción
45-50 minutos

125 g de **dátiles secos**
  sin hueso, picados
150 ml de **agua**
125 g de **mantequilla sin sal**,
  ablandada
125 g de **azúcar de grano fino**
1 cucharadita de **esencia
  de vainilla**
3 **huevos**
175 g de **harina con levadura
  incorporada**
1 cucharadita de **levadura
  química**

para la **salsa de *toffee***
300 ml de **nata doble**
125 g **azúcar moreno claro**
50 g de **mantequilla sin sal**

Ponga los dátiles en una cacerola pequeña con la medida de agua y hierva a fuego lento durante 5 minutos hasta que los dátiles estén tiernos y carnosos. Tritúrelos y deje enfriar.

Para preparar la salsa de *toffee*, caliente la mitad de la nata en una cacerola pequeña y honda con el azúcar y la mantequilla hasta que el azúcar se disuelva. Lleve a la ebullición y hierva durante 5 minutos hasta obtener un caramelo oscuro y denso. Añada la nata restante y reserve.

Unte 8 moldes metálicos de 200 ml con mantequilla y forre su base con papel sulfurizado. Mezcle la mantequilla, el azúcar, la esencia de vainilla, los huevos, la harina y la levadura en un bol durante 1-2 minutos hasta obtener una mezcla clara y cremosa. Añada el puré de dátiles a la masa.

Reparta la mezcla uniformemente entre los moldes y póngalos en una bandeja de horno. Vierta agua hirviendo en la bandeja hasta una altura de 1,5 cm y tape con papel de aluminio. Cueza en un horno precalentado a 180 °C durante 35-40 minutos o hasta que haya subido el bizcocho y esté consistente.

Deje los bizcochos en los moldes mientras vuelve a calentar la salsa. Desenganche los bordes y dé la vuelta a los bizcochos para ponerlos en platos de servir. Eche salsa por encima y sirva con un poco más de nata o helado.

Para preparar bizcochos con higos al jengibre, cueza 125 g de higos secos cortados a dados en agua en lugar de los dátiles. Haga la salsa y los bizcochos tal como se indica en la receta y añada 2 cucharadas de jengibre confitado picado a la mezcla de la masa.

pudin de mantequilla y chocolate

4 raciones
tiempo de preparación
  20 minutos, más tiempo
  de reposo
tiempo de cocción **25 minutos**

4 **cruasanes de chocolate**
50 g de **mantequilla sin sal**
50 g de **azúcar de grano fino**
¼ de cucharadita de **mezcla**
  de especias molidas
300 ml de **leche**
4 **huevos**
1 cucharadita de **esencia**
  de vainilla
azúcar lustre, para decorar

Unte con mantequilla una fuente llana y redonda apta para el horno. Corte los cruasanes en rebanadas gruesas y unte cada lado de las rebanadas con la mantequilla. Ponga las rebanadas de pie unas al lado de las otras en la fuente de modo que ésta quede completamente llena.

Mezcle el azúcar y las especias y use la mezcla para espolvorear los cruasanes sin olvidar los huecos que queden entre las rebanadas. Ponga la fuente en una bandeja de horno grande.

Mezcle la leche, los huevos y la esencia de vainilla, cuele la mezcla y viértala en la fuente. Deje reposar 15 minutos.

Vierta agua caliente del grifo en la bandeja de horno de modo que cubra la mitad de la fuente. Cueza en un horno precalentado a 180 °C durante 25 minutos hasta que el pudin esté dorado y la crema esté cuajada.

Saque la fuente de la bandeja, espolvoree con azúcar lustre tamizado y sirva caliente con un poco de nata líquida.

Para preparar pudin de mantequilla y frutas pasas, unte con un poco de mantequilla 8 rebanadas de pan de molde blanco, córtelas en triángulos y póngalas en capas un poco superpuestas en la fuente. Eche 75 g de frutas pasas variadas entre las capas. Eche el azúcar tal como se indica en la receta, pero omita las especias. Mezcle los huevos, la leche y la vainilla y vierta por encima del pan. Siga como antes.

crema de mora y manzana con merengue

4 raciones
tiempo de preparación
  20 minutos, más tiempo
  de enfriado
tiempo de cocción
  20-25 minutos

150 g de **moras frescas**
  o **congeladas**
2 **manzanas para postre**,
  sin corazón, con piel y cortadas
  a rodajas
1 cucharada de **agua**
50 g de **azúcar de grano fino**
4 trocitos de **bizcocho**
3 cucharadas de **jerez seco**
  o **dulce**
425 g de **natillas** preparadas

Merengue
3 **claras de huevo**
75 g de **azúcar de grano fino**

Ponga las moras, las manzanas, la medida de agua y el azúcar en una cacerola, tape y hierva a fuego lento durante 5 minutos o hasta que la fruta esté tierna. Deje enfriar la mezcla un poco.

Desmigaje los bizcochos y ponga las migas, formando una capa uniforme, en la base de un molde para tartas de 1,2 l apto para el horno y rocíe con el jerez. Esparza la fruta y el jarabe de la cocción por encima y después cúbralo con natillas.

Monte las claras a punto de nieve en un bol grande y seco y vaya incorporando gradualmente el azúcar, 1 cucharadita tras otra, hasta que el merengue tenga una consistencia densa y brillante (*véase* pág. 10). Eche el merengue sobre la crema y haga remolinos con la parte trasera de la cuchara.

Cueza en un horno precalentado a 180 °C durante 15-20 minutos hasta que esté cocido por dentro y dorado por fuera. Sirva inmediatamente.

Para preparar delicias de manzana y merengue, pele, quite el corazón y corte a rodajas gruesas 8 manzanas, hierva a fuego lento en una cacerola con la cáscara rallada y el zumo de 1 limón, 4 clavos y 25 g de azúcar de grano fino hasta que queden tiernas. Ponga parte de la mezcla en un molde de 1,2 l apto para el horno. Haga el merengue tal como se indica en la receta, pero añada ¼ de cucharadita de canela molida con el azúcar. Cubra la fruta con el merengue y cueza como antes. Sirva caliente.

suflé de vainilla con *coulis* de albaricoque

8 raciones
tiempo de preparación
25 minutos
tiempo de cocción **25 minutos**

75 g de **azúcar de grano fino**,
 y un poco más para espolvorear
200 g de **orejones**, cortados
 en trozos grandes
125 ml de **agua** y 1 cucharada
 más
3 cucharadas de **harina fina
 de maíz**
5 cucharadas de **Cointreau**
 u otro **licor de naranja**
150 ml de **leche**
1 cucharadita de **esencia
 de vainilla**
125 ml de **nata doble**
4 **huevos**, con yemas y claras
 separadas
azúcar lustre, para espolvorear

Unte con mantequilla 8 moldes individuales y espolvoréelos con un poco de azúcar de grano fino. Ponga los orejones en una cacerola pequeña con la medida de agua y hierva a fuego lento durante 3 minutos. Mezcle ½ cucharadita de la harina fina de maíz con 1 cucharada de agua y añádala a la cacerola. Cueza a fuego lento hasta que la salsa haya espesado.

Ponga la mezcla en un robot de cocina o en una batidora, añada el licor y mezcle hasta que quede homogéneo. Reparta la mezcla entre los moldes.

Mezcle la harina fina de maíz restante con parte de la leche. Añada la leche y remueva a fuego lento, hasta que espese. Añada 50 g de azúcar de grano fino, la esencia de vainilla, la nata y las yemas de huevo y póngalo todo en un bol grande.

Monte las claras a punto de nieve y vaya incorporando gradualmente el azúcar de grano fino restante. Con una cuchara metálica grande, vaya incorporando las claras a la crema.

Reparta la mezcla entre los moldes y póngalos en una bandeja de horno. Cueza en un horno precalentado a 200 °C durante 20 minutos o hasta que los suflés hayan subido. Espolvoree con azúcar lustre tamizado y sirva inmediatamente.

Para preparar suflé de manzana con calvados, pele, quite el corazón y corte a dados 4 manzanas para postre. Ponga las manzanas en una cacerola pequeña con 2 cucharadas de agua, tape y cueza durante 10 minutos hasta que estén tiernas. Reparta la manzana entre 8 moldes individuales untados con mantequilla y espolvoreados con azúcar. Siga la receta, pero añada 5 cucharadas de calvados o un brandy normal en lugar del Cointreau.

brazo de gitano con mermelada

6 raciones
tiempo de preparación
25 minutos
tiempo de cocción **2 horas**

300 g de **harina con levadura
incorporada**
1 cucharadita de **levadura
química**
150 g de **manteca vegetal
cortada a tiras**
75 g de **azúcar de grano fino**
50 g de **pan del día rallado**
cáscara rallada muy fina
de 1 **limón**
cáscara rallada muy fina
de 1 **naranja**
1 **huevo**, batido
175-200 ml de **leche**
6 cucharadas de **mermelada
de frambuesa**
150 g de **frambuesas
congeladas**, descongeladas

Ponga la harina, la levadura química, la manteca y el azúcar
en un bol y añada el pan rallado y las cáscaras de fruta. Añada
el huevo y vaya incorporando gradualmente bastante leche como
para obtener una masa blanda pero no pegajosa.

Amase un poco y estire hasta obtener un cuadrado de 30 cm.
Esparza la mermelada, dejando un borde de 2,5 cm, y eche
las frambuesas por encima. Pinte el borde con un poco de
leche, después enrolle la masa. Envuelva el brazo de gitano
con papel sulfurizado, uniendo los extremos y dejando espacio
para que pueda subir la masa. Envuelva en papel de aluminio.

Ponga el brazo de gitano en una rejilla de horno sobre una
bandeja de horno grande, vierta agua hirviendo en la bandeja
pero no por encima de la rejilla. Cubra la bandeja con papel
de aluminio y selle los extremos para que el interior quede
estanco y cueza en un horno precalentado a 150 °C durante
2 horas hasta que la masa haya subido. Vigile el brazo de
gitano durante la cocción y ponga más agua si es necesario.

Ponga el brazo de gitano sobre una tabla de cortar con
la ayuda de un trapo de cocina. Quítele los envoltorios,
corte en rodajas gruesas y sirva con natillas calientes.

Para preparar pudin con pasas, caliente 3 cucharadas
de zumo de naranja o de ron en una cacerola pequeña,
añada 150 g de pasas, 1 cucharadita de jengibre molido
y ¼ de cucharadita de nuez moscada rallada y deje en remojo
durante 1 hora o más. Añádalo todo a la mezcla de harina
antes de incorporar el huevo y la leche. Dé forma cilíndrica,
envuelva con papel sulfurizado y papel de aluminio y cueza al
vapor en el horno tal como se indica en la receta. Sirva cortado
en rodajas con natillas con un poco más de ron, si lo desea.

pudin de albaricoque con merengue

6 raciones
tiempo de preparación
25 minutos, más tiempo
de reposo
tiempo de cocción
35-45 minutos

600 ml de **leche**
cáscara rallada de 2 **limones**
50 g de **mantequilla sin sal**
175 g de **azúcar de grano fino**
100 g de **pan del día rallado**
4 **huevos**, con yemas y claras
separadas
4 cucharadas de **mermelada
de albaricoque**
125 g de **orejones**, cortados
a dados

Vierta la leche en una cacerola, añada la cáscara de limón y lleve a la ebullición. Saque del fuego y añada la mantequilla y 50 g de azúcar hasta que la mantequilla se haya derretido y el azúcar se haya disuelto. Añada el pan rallado y deje reposar 15 minutos.

Añada las yemas de huevo a la mezcla de leche, después viértalo todo en un molde para tartas apto para el horno de 1,5 l untado con mantequilla. Cueza en el horno precalentado a 180 °C durante 20-25 minutos hasta que la crema haya cuajado y empiece a dorarse por los bordes.

Unte la crema con la mermelada y eche los dados de albaricoque por encima. Monte las claras a punto de nieve en un bol grande y vaya incorporando gradualmente el azúcar restante, una cucharadita tras otra, hasta obtener una consistencia densa y brillante (*véase* pág. 10). Ponga el merengue por encima del pudin y haga remolinos con la parte trasera de la cuchara.

Vuelva a poner el molde en el horno durante 15-20 minutos hasta que el merengue esté cocido y dorado. Sirva caliente con nata.

Para preparar pudin de Monmouth, caliente la leche con ¼ de cucharadita de nuez moscada rallada en lugar de las cáscaras de limón. Añada la mantequilla y el pan rallado como antes con 125 g de azúcar de grano fino. Deje reposar y añada las yemas de huevo. Monte las claras a punto de nieve (sin añadir más azúcar) e incorpórelas a la mezcla de leche. Ponga 4 cucharadas de mermelada de fresa o frambuesa en la base del molde, vierta la mezcla de leche por encima y cueza durante 30-35 minutos hasta que haya cuajado y esté dorada. Sirva con mermelada.

bizcocho al vapor con mango

6 raciones
tiempo de preparación
20 minutos, más tiempo
de reposo
tiempo de cocción **1 hora
y 40 minutos**

1 **mango** de tamaño medio,
troceado
2 cucharadas de **sirope
de vainilla preparado**
o **casero** (*véase* derecha),
y un poco más para servir
125 g de **mantequilla sin sal**,
ablandada
125 g de **azúcar de grano fino**
1 cucharadita de **esencia
de vainilla**
2 **huevos**
175 g de **harina con levadura
incorporada**
4 cucharadas de **coco
deshidratado sin azúcar**
1 cucharada de **leche**

Unte con mantequilla un cuenco de 1,2 l y forre su base
con un círculo de papel sulfurizado. Eche los trozos de mango
en la base y rocíe con el sirope de vainilla.

Ponga la mantequilla, el azúcar, la esencia de vainilla,
los huevos y la harina en un bol y mezcle hasta obtener
una consistencia cremosa. Añada el coco y la leche
y después vierta esta mezcla en el cuenco.

Tape el cuenco con una capa doble de papel sulfurizado
y sujételo en el borde con un cordel. Cubra con papel
de aluminio y asegúrelo bien.

Ponga el cuenco en una cacerola grande. Llénela con agua
hirviendo hasta la mitad y cúbrala con una tapa que ajuste
bien. Cueza a fuego lento durante 1 hora y 40 minutos
y ponga más agua si es necesario. Deje reposar 10 minutos.

Dé la vuelta al cuenco para poner el bizcocho en el plato
de servir y rocíe con un poco más de sirope de vainilla.

Para preparar el sirope de vainilla, ponga 150 g de azúcar
de grano fino en una cacerola pequeña y honda con 125 ml de
agua y cueza a fuego lento hasta que se disuelva el azúcar.
Hierva durante 6-8 minutos hasta que el sirope adquiera
un color dorado. Sumerja rápidamente la parte inferior
de la cacerola en agua fría para detener la cocción. Añada
125 ml de agua caliente y 2 vainas de vainilla cortadas
de arriba abajo (y, si lo desea, canela en rama o unos cuantos
clavos enteros). Vuelva a calentar para añadir un poco más
de agua. Deje enfriar, después vierta la mezcla en una botella
limpia. Cierre bien y agite la botella para que salga el aroma
de la vainilla. Guarde durante varios días y agite antes de usar.

pastel de manzana al vapor

4 raciones
tiempo de preparación
20 minutos
tiempo de cocción **2 horas**

125 g de **mantequilla sin sal**
4 cucharadas de **melaza**
  o **«miel» de caña de azúcar**
2 **manzanas para cocinar**,
  500 g en total, sin corazón
  y peladas
100 g de **azúcar de grano fino**
2 **huevos**, batidos
200 g de **harina con levadura
  incorporada**
cáscara rallada de 1 **naranja**
  y 3 cucharadas de su zumo

Unte con mantequilla un cuenco de 1,2 l y forre su base
con un círculo de papel sulfurizado. Vierta dentro la melaza.
Corte 1 manzana en rodajas gruesas y échelas encima
formando una capa uniforme. Ralle la manzana restante.

Mezcle la mantequilla y el azúcar en un bol hasta obtener
una mezcla clara y cremosa. Vaya incorporando gradualmente
cucharadas alternas de huevo batido y de harina hasta que
lo haya añadido todo y la mezcla quede homogénea.

Añada la manzana rallada, la cáscara y el zumo de naranja
y después póngalo todo en el cuenco. Aplane la superficie y
tape con una lámina de papel sulfurizado y papel de aluminio.
Sujete con un cordel y haga un asidero también de cordel.

Ponga el cuenco en una vaporera sobre una cacerola con agua
hirviendo a fuego lento, cubra con una tapa y cueza al vapor
durante 2 horas hasta que la masa haya subido y hasta que,
al clavar un cuchillo en el centro, salga limpio.

Retire el papel de aluminio y el papel sulfurizado, desenganche
los bordes y dé la vuelta al pastel sobre un plato. Sirva
inmediatamente con natillas o helado.

Para preparar pastel de arándanos rojos y naranja al vapor,
cueza 150 g de arándanos congelados en una cacerola
con el zumo de 1 naranja durante 5 minutos hasta que la fruta
esté tierna. Ponga 2 cucharadas de mermelada de frambuesa
en el cuenco y después añada los arándanos. Haga el pastel
tal como se indica en la receta con 1 manzana para cocinar
pelada, sin corazón y rallada, añadiendo también la cáscara
rallada de 1 naranja. Tape y cueza al vapor como antes.

coulant de dos chocolates

6 raciones
tiempo de preparación
25 minutos
tiempo de cocción
18-20 minutos

125 g de **mantequilla sin sal**,
a temperatura ambiente,
o **margarina blanda**
125 g de **azúcar mascabado
claro**
100 g de **harina con levadura
incorporada**
15 g de **cacao en polvo**
2 **huevos**
75 g o 12 pastillas de **chocolate
sin leche**
100 g de **chocolate blanco**,
troceado
150 ml de **nata doble**
¼ de cucharadita de **esencia
de vainilla**

Ponga la mantequilla o la margarina, el azúcar, la harina, el cacao y los huevos en un bol o en un robot de cocina y bátalo todo hasta que quede homogéneo. Reparta la mezcla en un molde para 6 magdalenas untado con mantequilla, después introduzca 2 pastillas de chocolate sin leche dentro de cada una y cubra con más mezcla.

Cueza en un horno precalentado a 180 °C durante 18-20 minutos hasta que la masa haya subido, esté ligeramente crujiente en los bordes y el centro vuelva a su posición tras presionarlo con el dedo.

Mientras, caliente el chocolate blanco, la nata y la esencia de vainilla en una cacerola pequeña, remueva hasta que el chocolate se haya derretido.

Desenganche los bordes del *coulant* con una espátula pastelera y después dele la vuelta para ponerlo en platos hondos. Rocíe con el chocolate blanco y sirva inmediatamente.

Para preparar *coulant* de chocolate y nueces, no ponga el cacao en polvo y mezcle la mantequilla, el azúcar y los huevos con 125 g de harina con levadura incorporada, 50 g de nueces troceadas y 2 cucharaditas rasas de café instantáneo disuelto en 3 cucharadas de agua hirviendo. Vierta la mezcla en el molde de magdalenas e introduzca las pastillas de chocolate en el centro de cada una tal como se indica en la receta. Cueza como antes y sirva con nata líquida.

arroz con leche con pasas borrachas

4 raciones
tiempo de preparación
  10 minutos, más tiempo
  de remojo
tiempo de cocción **2 horas**

50 g de **uvas pasas**
2 cucharadas de **vino dulce**
  (como **Pedro Ximénez,**
  madeira o **jerez dulce**)
25 g de **mantequilla sin sal,**
  cortada a dados
65 g de **arroz**
25 g de **azúcar de grano fino**
600 ml de **leche**
una pizca grande de
  nuez moscada rallada
  y **canela** molida

Ponga las pasas en una cacerola pequeña con el vino y caliéntelo todo, o caliente las pasas en el microondas y el vino en un bol pequeño durante 30 segundos a máxima potencia. Deje en remojo 30 minutos o más si puede ser.

Unte con mantequilla un molde para tartas de 900 ml y después añada el arroz y el azúcar. Ponga las pasas borrachas encima y después cubra con la leche. Ponga la mantequilla por encima y espolvoree con las especias.

Cueza en un horno precalentado a 150 °C durante 2 horas hasta que esté dorado por encima, el arroz esté tierno y la leche se haya vuelto espesa y cremosa.

Para preparar arroz con leche tradicional, omita las pasas y el vino y ponga el arroz y el azúcar en el molde para tartas untado con mantequilla. Vierta 450 ml de leche y 150 ml de nata doble. Ponga trocitos de mantequilla por encima tal como se indica en la receta y después espolvoree con nuez moscada recién rallada. Cueza y sirva con un poco de mermelada de fresa.

tarta de chocolate con nubes

8 raciones
tiempo de preparación
  40 minutos, más tiempo
  de enfriado
tiempo de cocción
25-30 minutos

200 g de **chocolate sin leche**,
  troceado
100 g de **mantequilla sin sal**
5 **huevos**, con yemas y claras
  separadas
175 g de **azúcar de grano fino**
2 cucharadas de **harina común**,
  tamizada
¼ de cucharadita de **canela**
  molida
2 cucharadas de **agua caliente**
300 ml de **nata doble**
125 g de **nubes pequeñas**
  rosas y blancas

Ponga el chocolate y la mantequilla en un bol sobre una cacerola con agua hirviendo a fuego lento para derretir el chocolate.

Monte las claras a punto de nieve y después vaya incorporando gradualmente el azúcar, una cucharadita tras otra, hasta que quede una consistencia densa y brillante (*véase* pág. 10). Con el mismo batidor, sin haberlo limpiado, mezcle las yemas de huevo y el azúcar restante en otro bol hasta obtener una consistencia muy densa.

Añada gradualmente la mezcla caliente de chocolate y mantequilla a las yemas de huevo. Agregue la harina y la canela y después el agua caliente para diluir la mezcla un poco. Añada 1 cucharada del merengue, y después, el resto.

Vierta la mezcla en un molde desmontable de 23 cm untado con mantequilla y forrado con papel sulfurizado en la base. Cueza en un horno precalentado a 180 °C durante 25-30 minutos hasta que la masa haya subido, la parte superior esté crujiente y el centro esté bien cocido. Deje enfriar 2 horas en el molde.

Saque la tarta del molde y retire el papel. Corte en trozos. Monte la nata y después ponga un poco de ésta sobre cada trozo junto con unas cuantas nubes.

Para preparar una tarta de chocolate con frutos secos, añada 100 g de pistachos, avellanas y almendras troceadas tras la harina y la canela. Sirva con 4 cucharadas de almendras tostadas en láminas en lugar de las nubes.

pastel de jengibre y plátano

6 raciones
tiempo de preparación
25 minutos
tiempo de cocción **30 minutos**

4 cucharadas de **melaza**
  o «**miel**» **de caña de azúcar**,
  y un poco más para servir
4 cucharadas de **azúcar**
  mascabado claro
3 **plátanos** grandes, cortados
  por la mitad de arriba abajo
zumo de 1 **limón**

para el **pastel de jengibre**
100 g de **mantequilla sin sal**
100 g de **azúcar mascabado**
  claro
75 g de **melaza o «miel»**
  de caña de azúcar,
  y un poco más para rociar
2 **huevos**
4 cucharadas de **leche**
175 g de **harina integral común**
1 cucharadita de **bicarbonato**
  sódico
2 cucharaditas de **jengibre**
  molido

Unte con mantequilla una bandeja de horno cuya base mida 23 x 18 cm y fórrela con papel sulfurizado. Ponga la melaza y el azúcar sobre la base. Bañe los plátanos con el zumo de limón y póngalos con la parte cortada hacia abajo.

Caliente la mantequilla, el azúcar y la melaza para hacer el pastel de jengibre en una cacerola de tamaño medio, remueva hasta que esté todo derretido. Saque la cacerola del fuego.

Bata los huevos con la leche en una jarra y después mezcle la harina, el bicarbonato sódico y el jengibre en un bol. Vaya incorporando gradualmente la mezcla de leche a la cacerola de la mantequilla derretida y después la mezcla de harina y remueva hasta que quede homogéneo.

Vierta la mezcla sobre los plátanos y cueza en un horno precalentado a 180 °C durante 30 minutos hasta que la masa suba y el centro vuelva a su sitio tras presionarlo.

Deje enfriar durante 5 minutos y después desmolde sobre un plato grande. Corte el pastel en trozos. Sirva con un poco más de melaza o natillas por encima.

Para preparar las natillas caseras que acompañan el pastel de jengibre, mezcle 3 yemas de huevo con 3 cucharadas de azúcar de grano fino y unas cuantas gotas de esencia de vainilla en un bol. En una cacerola, lleve 300 ml de leche a ebullición y vaya incorporando gradualmente las yemas. Vuelva a poner en la cacerola y cueza a fuego lento, sin parar de remover, hasta que la crema espese y se cree una capa sólida en la superficie (no tiene que hervir; si no, la crema cuajará). Si se deja preparada, espolvoree la superficie con un poco más de azúcar para que no se forme la capa sólida.

bizcocho con pera y avellanas

6 raciones
tiempo de preparación
25 minutos
tiempo de cocción **25 minutos**

125 g de **mantequilla sin sal**,
  a temperatura ambiente,
  o **margarina blanda**
125 g de **azúcar de grano fino**
125 g de **harina con levadura
  incorporada**
2 **huevos**
1 cucharadita de **canela molida**
75 g de **avellanas**, troceadas
3 **peras**, cortadas a octavos,
  sin corazón y peladas
azúcar lustre, para espolvorear

para la **salsa de mora**
250 g de **moras**
25 g de **azúcar de grano fino**
4 cucharadas de **agua**

Mezcle la mantequilla o la margarina, el azúcar, la harina, los huevos y la canela en un bol o en un robot de cocina hasta que quede homogéneo. Añada 50 g de avellanas. Unte con mantequilla una bandeja de horno cuya base mida 23 x 18 cm y fórrela con papel sulfurizado. Vierta la mezcla uniformemente.

Ponga las peras sobre la masa y después eche por encima el resto de las avellanas. Cueza en un horno precalentado a 180 ºC durante 25 minutos hasta que el bizcocho esté dorado, haya subido y vuelva a su sitio tras presionar su centro con el dedo.

Cueza 150 g de moras en una cacerola con el azúcar y el agua durante 5 minutos hasta que estén tiernas y después tritúrelas hasta obtener un puré homogéneo. Corte el bizcocho en porciones, espolvoree con azúcar lustre y sirva con un poco de salsa caliente y las moras restantes.

Para preparar bizcocho con manzana y salsa de chocolate, omita la canela y las avellanas del bizcocho y añada la cáscara rallada de ½ naranja en su lugar. Vierta la mezcla en la bandeja de horno, cúbrala con 3 manzanas sin corazón, peladas y cortadas en rodajas gruesas, y cueza tal como se indica en la receta. Caliente 4 cucharadas de crema de cacao y avellanas en una cacerola con 6 cucharadas de leche para hacer salsa de chocolate. Corte el bizcocho en porciones, espolvoree con azúcar lustre y sirva caliente con la salsa.

clafoutis de albaricoque

4 raciones
tiempo de preparación
15 minutos, más tiempo
de reposo
tiempo de cocción **25 minutos**

50 g de **harina común**
2 cucharadas de **azúcar**
de grano fino
cáscara rallada de ½ **limón**
40 g de **mantequilla sin sal**
1 **huevo**
1 **yema de huevo**
unas gotas de **esencia**
de vainilla
150 ml de mezcla de **leche**
y **agua**
140 g de **albaricoques**
en almíbar cortados
por la mitad, escurridos
azúcar lustre, para espolvorear

Tamice la harina en un bol y añada el azúcar y la cáscara
de limón. Funda 25 g de la mantequilla y después añádala
a la harina con el huevo, la yema de huevo y la esencia
de vainilla. Vaya incorporando gradualmente la leche
y el agua hasta que quede homogéneo. Deje reposar
30 minutos o más.

Unte 4 moldes metálicos de 200 ml con la mantequilla
restante. Corte los albaricoques a cuartos y repártalos entre
los moldes. Ponga los moldes en una bandeja de horno y cueza
en un horno precalentado a 190 °C durante 5 minutos.

Vierta la mezcla de harina rápidamente en los moldes para
que ésta crepite con la mantequilla caliente de los moldes.
Cueza durante 20 minutos hasta que la masa haya subido
y esté dorada. Espolvoree el *clafoutis* con azúcar lustre
tamizado y sirva inmediatamente, ya que, si no, se hundirá
a medida que se vaya enfriando.

Para preparar *clafoutis* de cereza, haga la masa con cáscara
rallada de ½ naranja en lugar de limón. Escurra un tarro
de 350 g de guindas en almíbar y repártalas entre los moldes
tal como se indica en la receta. Cueza la fruta y después
añada la masa como antes.

crumble de frutas del huerto

6 raciones
tiempo de preparación
20 minutos
tiempo de cocción
30-35 minutos

2 **manzanas para postre**
2 **peras**
400 g de **ciruelas rojas**,
  cortadas a cuartos y sin hueso
2 cucharadas de **agua**
75 g de **azúcar de grano fino**
100 g de **harina común**
50 g de **mantequilla sin sal**,
  cortada a dados
50 g de **coco deshidratado**
50 g de **perlitas de chocolate**
  con leche

Corte a cuartos, quite el corazón y pele las manzanas y las peras. Corte los cuartos en rodajas y ponga los trozos en un molde para tartas de 1,2 l. Añada las ciruelas y el agua y después espolvoree con 25 g de azúcar. Cubra el molde con papel de aluminio y cueza en un horno precalentado a 180 °C durante 10 minutos.

Ponga el azúcar restante en un bol con la harina y la mantequilla. Deshaga la mantequilla con los dedos o con una batidora eléctrica hasta que la mezcla parezca finas migas de pan. Añada el coco y las perlitas de chocolate.

Retire el papel de aluminio del molde y vierta la masa por encima. Cueza durante 20-25 minutos hasta que quede dorado y la fruta esté tierna. Sirva caliente con natillas o nata.

Para preparar *crumble* de ciruela y naranja, ponga 750 g de ciruelas, cortadas a cuartos y sin hueso, en un molde para tartas de 1,2 l con 50 g de azúcar de grano fino. Haga el *crumble* tal como se indica en la receta, pero añada la cáscara rallada de 1 naranja pequeña y 50 g de almendras molidas en lugar del coco y las perlitas de chocolate. Cueza como antes.

risotto rojo con uvas salteadas

4 raciones
tiempo de preparación
   15 minutos
tiempo de cocción
   44-55 minutos

75 g de **mantequilla sin sal**
175 g de **arroz rojo de La
   Camarga**, lavado con agua fría
   y escurrido
750-900 ml de **leche**
½ cucharadita de **mezcla
   de especias molidas**,
   y un poco más para decorar
50 g de **azúcar mascabado
   claro**
250 g de **uvas rojas** sin pepitas,
   cortadas por la mitad
nata agria

Caliente 50 g de la mantequilla en una cacerola, añada el arroz
y cueza a fuego lento durante 2 minutos, sin para de remover.
Caliente la leche en otra cacerola, vierta una tercera parte
por encima del arroz y añada las especias.

Cueza el arroz a fuego lento durante 40-50 minutos, remueva
de vez en cuando hasta que el arroz esté tierno y cremoso.
Debe ir echando cucharones de leche a medida que el arroz
se va hinchando y remueva con más frecuencia cuando se
acerque el final del tiempo de cocción.

Saque el arroz del fuego y añada el azúcar. Caliente la
mantequilla restante en una sartén, añada las uvas y saltéelas
durante 2-3 minutos hasta que estén calientes. Ponga el *risotto*
en platos hondos, después unas cucharadas de nata agria,
las uvas por encima y un poco más de especias. Sirva
inmediatamente.

Para preparar *risotto* con cerezas, fría 175 g de arroz
blanco para *risotto* en 50 g de mantequilla y después cueza
con 600-750 ml de leche caliente tal como se indica en
la receta, pero en lugar de las especias molidas, añada
1 cucharadita de esencia de vainilla y 50 g de cerezas
escurridas. Hierva a fuego lento durante 20-25 minutos
hasta que el arroz esté blando y cremoso. Añada 50 g
de azúcar de grano fino. Omita las uvas y ponga un
poco de nata agria por encima del *risotto*.

tortita de plátano y *toffee*

4 raciones

tiempo de preparación
15 minutos, más tiempo
de reposo

tiempo de cocción **30 minutos**

100 g de **harina común**
1 pizca de **sal**
1 **huevo**
1 **yema de huevo**
300 ml de **leche**
2-3 cucharadas de **aceite
de girasol**
2 **plátanos**, cortados en rodajas

para la **salsa de *toffee***
50 g de **mantequilla sin sal**
50 g de **azúcar mascabado
claro**
2 cucharadas de **melaza
o «miel» de caña de azúcar**
150 ml de **nata doble**

Tamice la harina en un bol, añada la sal, el huevo y la yema de huevo y vaya añadiendo gradualmente la leche hasta obtener una masa homogénea. Deje reposar 30 minutos.

Ponga la mantequilla, el azúcar y la melaza para hacer la salsa de *toffee* en una cacerola pequeña y cueza con fuego suave, remueva de vez en cuando, hasta que la mantequilla se haya derretido y el azúcar se haya disuelto. Lleve a la ebullición y cueza durante 3-4 minutos hasta que los bordes empiecen a oscurecerse.

Saque la cacerola del fuego y vaya añadiendo poco a poco la nata. Mueva la cacerola de un lado a otro para mezclar y, cuando deje de burbujear, remueva con una cuchara de madera. Reserve.

Ponga el aceite para hacer las tortitas en una sartén de 18 cm, caliéntelo y elimine el exceso en un bol pequeño o una jarra. Ponga un poco de masa de tortita en la base de la sartén, muévala de un lado a otro para cubrir uniformemente la base y cueza durante 2 minutos hasta que la parte de abajo esté dorada. Desenganche con una espátula, dele la vuelta y cueza el otro lado de la misma manera. Cuando esté hecho, ponga la tortita en un plato y manténgalo caliente. Cueza la masa restante, poniendo aceite cuando sea necesario.

Doble las tortitas y póngalas en los platos de servir. Ponga rodajas de plátano por encima y rocíe con salsa de *toffee*.

Para preparar tortitas de cítricos, haga las tortitas tal como se indica en la receta y después rocíelas con zumo de 1 limón y 1 naranja recién exprimidos. Espolvoree con azúcar de grano fino antes de servir.

pudin de arándanos rojos

6 raciones
tiempo de preparación
25 minutos
tiempo de cocción
40-50 minutos

750 g de **manzanas para
cocinar**, cortadas a cuartos,
sin corazón, peladas y después
cortadas en rodajas gruesas
125 g de **arándanos rojos
congelados**
75 g de **azúcar de grano fino**
1 cucharada de **agua**
azúcar lustre, para espolvorear

para la **masa**
125 g de **mantequilla sin sal**,
a temperatura ambiente,
o **margarina blanda**
125 g de **azúcar de grano fino**
125 g de **harina con levadura
incorporada**
2 **huevos**
cáscara rallada de 1 **naranja**
pequeña, y 2 cucharadas
de su zumo

Ponga las manzanas y los arándanos en una fuente de horno
de 1,5 l y de 5 cm de profundidad y rocíe con el azúcar y el agua.
Cueza, sin tapar, en un horno precalentado a 180 °C durante
10 minutos.

Ponga la mantequilla, el azúcar, la harina y los huevos para
hacer la masa en un bol y mézclelo todo hasta que quede
homogéneo. Añada la cáscara y el zumo de naranja.

Vierta la mezcla de la masa sobre la fruta parcialmente cocida
de manera uniforme. Vuelva a meter la fuente en el horno
y cueza durante 30-40 minutos hasta que la parte de arriba
esté dorada y el centro vuelva a su posición tras presionarlo
con un dedo. Espolvoree con azúcar lustre tamizado y sirva
caliente con natillas o nata.

Para preparar pudin de manzana y mora, omita los arándanos
y añada 125 g de moras congeladas. Haga la masa tal
como se indica en la receta, pero añada la cáscara rallada
de 1 limón y 2 cucharadas de su zumo en lugar de la cáscara
y el zumo de naranja.

pastas, tartas y pasteles

profiteroles al jengibre

4 raciones
tiempo de preparación
  35 minutos, más tiempo
  de enfriado
tiempo de cocción **20 minutos**

150 ml de **agua**
50 g de **mantequilla sin sal**
1 pizca de **sal**
65 g de **harina común**, tamizada
2 **huevos**
½ cucharadita de **esencia
  de vainilla**
250 ml de **nata doble**
50 g de **jengibre confitado**,
  picado muy fino

para la **salsa**
150 g de **chocolate sin leche**,
  troceado
150 ml de **leche**
50 g de **azúcar de grano fino**
2 cucharadas de **brandy**

Ponga el agua en una cacerola de tamaño medio, añada la mantequilla y la sal y cueza hasta que la mantequilla se haya fundido. Lleve a la ebullición y después saque la cacerola del fuego y añada la harina. Vuelva a poner la cacerola en el fuego y cueza durante poco rato, mientras remueve hasta que la mezcla se convierta en una bola homogénea. Deje enfriar.

Bata los huevos con la esencia de vainilla y añada gradualmente la mezcla de harina hasta que quede homogéneo. Ponga la masa en una manga pastelera grande con una boquilla lisa de 1,5 cm. Unte con un poco de mantequilla una bandeja de horno grande y haga 20 bolitas, dejando espacio entre ellas.

Cueza en un horno precalentado a 200 °C durante 15 minutos hasta que la masa haya subido. Haga un pequeño corte horizontal en medio de cada bolita para que se escape el vapor, vuelva a ponerlas en el horno apagado durante 5 minutos. Transcurrido ese tiempo, sáquelas y deje enfriar.

Para preparar la salsa, caliente el chocolate, la leche y el azúcar en una cacerola y remueva hasta que quede homogéneo. Saque del fuego y añada el brandy.

Monte la nata y después incorpore el jengibre. Haga un poco mayor el corte de los profiteroles y ponga un poco de la nata con jengibre dentro de cada uno. Ponga en platos de servir y rocíe con un poco de la salsa caliente.

Para preparar profiteroles Selva Negra, escurra y corte a trozos una lata de 425 g de cerezas negras en conserva. Añádalas a la nata montada en lugar del jengibre y rellene los profiteroles tal como se indica en la receta. Omita el brandy de la salsa y, en su lugar, añada 2 cucharadas de kirsch.

tarta de nueces de macadamia y vainilla

8-10 raciones
tiempo de preparación
30 minutos
tiempo de cocción **45 minutos**

400 g de **masa brisa dulce**
   preparada o **casera**
   (*véase* pág. 15)
un poco de **harina**,
   para espolvorear
75 g de **azúcar moreno claro**
150 ml de **sirope de arce**
75 g de **mantequilla sin sal**
1 cucharadita de **esencia
   de vainilla**
150 g de **almendras molidas**
4 **huevos**, batidos
200 g de **nueces
   de macadamia**, troceadas

Estire la masa sobre una superficie espolvoreada con un poco de harina hasta obtener una capa fina y forre con ella un molde para tartas de 23 cm con base extraíble (*véase* pág. 11). Pinche la masa con un tenedor, cúbrala con papel sulfurizado, añada macarrones o legumbres secas y cueza en ciego (*véase* pág. 12) en un horno precalentado a 190 °C durante 15 minutos. Retire el papel y los macarrones o las legumbres secas y cueza durante 5 minutos más. Reduzca la temperatura del horno a 160 °C.

Ponga el azúcar, el sirope de arce y la mantequilla en una cacerola y cueza con fuego suave hasta que se derrita todo. Saque la cacerola del fuego y añada la esencia de vainilla, las almendras molidas y los huevos. Añada la mitad de las nueces de macadamia y vierta la mezcla en la base de la tarta cocida.

Eche el resto de nueces de macadamia por encima del relleno y cueza durante 25 minutos o hasta que el relleno forme una corteza pero siga tierna por debajo. Deje enfriar 10 minutos y sirva con helado o nata.

Para preparar tarta de piñones y miel, haga y cueza la base de la tarta tal como se indica en la receta. Mezcle 100 g de mantequilla sin sal con 100 g de azúcar de grano fino. Añada 3 huevos, uno tras otro, y después añada 175 g de miel de flores caliente, la cáscara rallada y el zumo de 1 limón y 200 g de piñones. Vierta la mezcla sobre la base de la tarta cocida y cueza en un horno precalentado a 180 °C durante unos 40 minutos hasta que esté dorada y cuajada.

celosía de hojaldre con melocotón y arándanos

6 raciones
tiempo de preparación
30 minutos
tiempo de cocción
20-25 minutos

500 g de **masa de hojaldre preparada** o **casera**
(*véase* pág. 15)
un poco de **harina**,
para espolvorear
4 **melocotones** o **nectarinas**
maduras, cortadas a rodajas
gruesas
125 g de **arándanos**
50 g de **azúcar de grano fino**,
y un poco más para decorar
cáscara rallada de ½ **limón**
1 **huevo**, batido
azúcar lustre, para espolvorear

Estire la mitad de la masa sobre una superficie espolvoreada con un poco de harina y corte un rectángulo de 30 x 18 cm. Póngala sobre una bandeja de horno untada con un poco de mantequilla.

Ponga las rodajas de melocotón o nectarina encima de la masa dejando un borde de 2,5 cm y después eche los arándanos, el azúcar y la cáscara de limón por encima. Pinte el borde de la masa con un poco de huevo batido.

Estire el resto de la masa de modo que quede un poco mayor que la primera y corte un rectángulo de 33 x 20 cm. Doble el rectángulo de masa por la mitad a lo largo y después haga cortes de 1 cm de ancho y de 6 cm de largo, dejando un borde ancho de masa sin cortes.

Ponga el rectángulo de masa doblado sobre la fruta, despliéguelo de modo que la fruta y la capa inferior de la masa queden completamente cubiertas y después selle los bordes. Corte si lo cree necesario. Haga pequeños cortes horizontales en los bordes y marque canales para sellar los bordes del hojaldre (*véase* pág. 14).

Pinte la parte superior con huevo batido, espolvoree con un poco más de azúcar y cueza en un horno precalentado a 200 °C durante 20-25 minutos hasta que el hojaldre haya subido y esté dorado. Sirva cortado en trozos cuadrados, caliente o frío, con nata o helado.

Para preparar celosía de hojaldre con manzana y mora, sustituya los melocotones y los arándanos por 4 manzanas Granny Smith, sin corazón, cortadas a cuartos y después a rodajas gruesas, y 125 g de moras.

lionesas de crema y fresa

12 raciones
tiempo de preparación
30 minutos
tiempo de cocción **30 minutos**

50 g de **mantequilla sin sal**,
a trocitos
150 ml de **agua**
65 g de **harina común**, tamizada
2 **huevos**, batidos
2 cucharadita de **esencia
de vainilla**
325 g de **fresas**, cortadas
a rodajas finas
azúcar lustre, para espolvorear

para la **crema pastelera**
1 **vaina de vainilla**
150 ml de **leche**
150 ml de **nata doble**
4 **yemas de huevo**
3 cucharadas de **azúcar
de grano fino**
2 cucharadas de **harina común**

Unte con un poco de mantequilla una bandeja de horno grande y rocíe con agua. Derrita la mantequilla con el agua. Lleve a la ebullición y saque la cacerola del fuego.

Añada la harina tamizada y mezcle. Deje enfriar 15 minutos e incorpore los huevos hasta obtener una mezcla homogénea y brillante. Añada la esencia de vainilla.

Reparta la mezcla en 12 partes iguales y cueza en un horno precalentado a 200 °C durante 25 minutos o hasta que la masa esté dorada. Haga un corte horizontal en medio de cada lionesa y ponga en el horno durante 3 minutos. Deje enfriar.

Para preparar la crema pastelera, saque las semillas de la vaina de vainilla. Ponga la leche y la nata en una cacerola y añádaselas. Lleve casi a ebullición y después deje reposar 20 minutos. Mezcle las yemas de huevo, el azúcar de grano fino y la harina común. Deseche la vaina de vainilla, vuelva a calentar y vaya incorporándola gradualmente a las yemas. Cueza a fuego lento durante 4-5 minutos, mientras remueve hasta que espese bastante. Vierta la mezcla en un bol, tape la superficie con film transparente y deje enfriar.

Abra las lionesas y reparta las rodajas de fresa entre ellas. Ponga crema pastelera encima y después sus tapas y presione para que sobresalga el relleno. Espolvoree con azúcar lustre y deje en un lugar fresco hasta la hora de servir.

Para preparar lionesas de limón y melocotón, monte 150 ml de nata doble. Añada 150 g de yogur griego y 3 cucharadas de mermelada de limón inglesa (*lemon curd*). Rellene cada lionesa cocida con 2 melocotones maduros cortados a rodajas finas y un poco de mermelada de limón. Espolvoree con azúcar lustre.

pera envuelta en hojaldre con higos

6 raciones
tiempo de preparación
40 minutos
tiempo de cocción
   15-20 minutos

125 g de **higos secos**, cortado
   a trocitos
cáscara rallada y zumo
   de 1 **naranja** grande
6 **peras** maduras pero no blandas
500 g de **masa de hojaldre**
   preparada o **casera**
   (*véase* pág. 15)
un poco de **harina**,
   para espolvorear
1 **huevo**, batido
azúcar lustre, para espolvorear

Ponga los higos en una cacerola pequeña con la cáscara y el zumo de naranja. Tape y hierva a fuego lento durante 5 minutos hasta que estén tiernos. Añada un poco más de agua si lo cree necesario. Deje reposar.

Pele las peras y saque los corazones por la base. Corte las bases de modo que las peras puedan quedarse de pie y después introduzca la mezcla de higos dentro, por el hueco del corazón, y presione.

Estire la masa hasta que quede fina sobre una superficie espolvoreada con un poco de harina y corte un rectángulo de 43 x 38 cm. Corte una tira de 6 cm de ancho de uno de los laterales largos en 6 cuadrados. Coloque cada uno bajo la base de la pera para que no salga el relleno.

Pinte el resto de la masa con huevo batido y después córtela en largas y finas tiras de 2,5 cm de ancho. Coja las tiras una por una y enrolle cada pera con ellas, empezando por arriba y solapándola ligeramente a medida que va bajando hasta llegar a la base. Añada una segunda tira si es necesario.

Ponga las peras envueltas en una bandeja de horno untada con mantequilla y cueza en un horno precalentado a 200 °C durante 15-20 minutos hasta que estén doradas. Espolvoree con azúcar lustre tamizado y sirva caliente con natillas.

Para preparar peras al jengibre envueltas en hojaldre, mezcle 3 cucharadas de frutas exóticas picadas con 15 g de jengibre confitado picado muy fino. Introduzca la mezcla en 6 peras peladas y sin corazón. Envuélvalas con masa como se indica en la receta. Sirva con nata agria mezclada con un poco de brandy o whisky.

tarta de manzana y frutos rojos

6 raciones

tiempo de preparación
30 minutos, más tiempo
de refrigerado

tiempo de cocción
20-25 minutos

275 g de **harina común**,
y un poco más para espolvorear
75 g de **azúcar lustre**
125 g de **mantequilla sin
sal**, a temperatura ambiente,
cortada a dados
2 **huevos**
un poco de **leche** o **huevo** batido
para glasear
azúcar de grano fino,
para decorar

para el **relleno**
2 **manzanas para cocinar**,
500 g en total, sin corazón,
peladas y cortadas a rodajas
gruesas
175 g de **frutos rojos
congelados** (no hay
que descongelarlos)
50 g de **azúcar lustre**
2 cucharaditas de **harina fina
de maíz**

Ponga la harina en una tabla grande o directamente sobre
la superficie de trabajo, añada el azúcar lustre y la mantequilla
y después haga un agujero en el centro, donde pondrá los huevos.
Empiece a mezclar los huevos y la mantequilla con los dedos
y vaya añadiendo gradualmente la harina y el azúcar hasta que
empiece a aglutinarse y pueda hacer una bola. Amase un poco
y después ponga la masa en la nevera durante 15 minutos.

Mezcle las manzanas, los frutos rojos congelados, el azúcar
lustre y la harina fina de maíz para hacer el relleno.

Estire la masa sobre una superficie espolvoreada con un
poco de harina hasta que obtenga un círculo desigual de unos
33 cm de diámetro. Ponga la masa, con la ayuda de un rodillo,
en una bandeja de horno grande untada con mantequilla.
Ponga la mezcla de frutas en medio de la masa y después
levante los bordes de ésta de modo que queden doblados
sobre y alrededor de la fruta y deje al descubierto la fruta
del centro.

Pinte la parte exterior de la tarta con un poco de leche o huevo
batido y espolvoree con azúcar de grano fino. Cueza en un horno
precalentado a 190 °C durante 20-25 minutos hasta que la masa
esté dorada y la fruta esté blanda. Sirva caliente o frío con natillas
o nata.

Para preparar tarta de ciruela y melocotón con especias,
sustituya las manzanas y los frutos rojos por 400 g de ciruelas
rojas maduras, sin hueso y cortadas en rodajas, y 2 melocotones
maduros, cortados también en rodajas. Mezcle la fruta con el
azúcar y la harina fina de maíz tal como se indica en la receta,
pero añada ½ cucharadita de canela molida. Haga la tarta
y cueza como antes.

tartaletas portuguesas con crema

12 raciones
tiempo de preparación
25 minutos, más tiempo
de enfriado
tiempo de cocción **35 minutos**

1 cucharada de **azúcar
avainillado**
¼ de cucharadita de **canela
molida**
450 g de **masa brisa dulce
preparada** o casera
(*véase* pág. 15)
un poco de **harina**,
para espolvorear
3 **huevos**
2 **yemas de huevo**
2 cucharadas de **azúcar
de grano fino**
1 cucharadita de **esencia
de vainilla**
300 ml de **nata doble**
150 ml de **leche**
azúcar lustre, para espolvorear

Mezcle el azúcar avainillado con la canela. Corte la masa por la mitad y estire cada pieza sobre una superficie espolvoreada con un poco de harina hasta obtener un cuadrado de 20 cm. Espolvoree 1 cuadrado con el azúcar avainillado y coloque el segundo cuadrado encima. Vuelva a estirar la masa hasta obtener un rectángulo de 40 x 30 cm y corte 12 círculos de 10 cm de diámetro cada uno con un cuchillo grande o con un bol pequeño a modo de plantilla.

Introduzca los círculos de masa en un molde antiadherente de 12 magdalenas de modo que la base y los laterales de cada orificio queden bien forrados. Pinche con un tenedor todas las bases, fórrelas con un cuadrado de papel de aluminio, añada macarrones o alubias secas y cueza en ciego (*véase* pág. 12) en un horno precalentado a 190 °C durante 20 minutos. Retire el papel de aluminio y los macarrones o las alubias secas y cueza 5 minutos más. Reduzca la temperatura a 160 °C.

Mezcle los huevos, las yemas de huevo, el azúcar de grano fino y la esencia de vainilla. Cueza la nata y la leche en una cacerola hasta que empiece a burbujear por los bordes y vierta esta mezcla en la mezcla de huevo, sin dejar de remover. Cuele la crema dentro de una jarra y viértala en las tartaletas.

Cueza durante 20 minutos o hasta que la crema esté cuajada. Deje enfriar las tartaletas en el molde y después sáquelas y sírvalas espolvoreadas con azúcar lustre.

Para preparar tartaletas francesas de crema y ciruelas pasas, ponga 12 ciruelas pasas sin hueso en la base de cada tartaleta cocida en ciego y vierta la crema por encima. Cueza tal como se indica en la receta. Sirva caliente con un poco de nata agria.

tarta de limón y merengue

6 raciones
tiempo de preparación
   40 minutos, más tiempo
   de refrigerado y reposo
tiempo de cocción
   35-40 minutos

375 g de **masa brisa dulce**
   preparada o **casera**
   (*véase* pág. 15)
un poco de **harina**,
   para espolvorear
200 g de **azúcar de grano fino**
40 g de **harina fina de maíz**
cáscara rallada y zumo
   de 2 **limones**
4 **huevos,** con yemas y claras
   separadas
200-250 ml de **agua**

Estire la masa sobre una superficie espolvoreada con un poco
de harina de modo que obtenga una capa fina y forre con ella
un molde para tartas acanalado con base extraíble de 20 cm de
diámetro x 5 cm de hondo, presionando los laterales para que
la parte acanalada quede bien cubierta de masa (*véase* pág. 11).
Corte el sobrante y pinche la base con un tenedor. Ponga
la masa en la nevera durante 15 minutos y cueza en ciego
(*véase* pág. 12) en un horno precalentado a 190 °C durante
15 minutos. Vacíe y cueza 5 minutos más.

Ponga 75 g del azúcar en un bol con la harina fina de maíz
y la cáscara de limón, añada las yemas de huevo y mezcle
hasta que quede homogéneo. Mezcle el zumo de limón
con agua hasta obtener 300 ml, vierta en una cacerola y lleve
a ebullición. Vaya añadiendo gradualmente la mezcla de yemas,
batiendo hasta que quede homogéneo. Vuelva a poner la mezcla
en el fuego y lleve a ebullición, batiendo hasta que quede muy
densa. Vierta en la base de la tarta de manera uniforme.

Monte las claras a punto de nieve. Incorpore gradualmente
el azúcar restante y bata durante 1-2 minutos hasta que
obtenga una consistencia densa y brillante (*véase* pág. 10).
Ponga por encima de la capa de limón para cubrir toda
la tarta y haga remolinos con una cuchara.

Reduzca la temperatura del horno a 180 °C y cueza durante
15-20 minutos hasta que el merengue esté dorado y cocido.
Deje reposar 15 minutos, después saque la tarta del molde
y póngala en un plato de servir. Sirva caliente o frío con nata.

Para preparar tarta de cítricos y merengue, mezcle la
cáscara rallada de 1 lima, 1 limón y ½ naranja pequeña con la
harina fina de maíz. Exprima las frutas y mezcle con agua hasta
obtener 300 ml de líquido. Siga la receta.

tarta de limón clásica

8 raciones

tiempo de preparación
20 minutos, más tiempo
de refrigerado y enfriado
tiempo de cocción
45-50 minutos

450 g de **masa brisa dulce
preparada** o **casera**
(*véase* pág. 15)
un poco de **harina**,
para espolvorear
3 **huevos**
1 **yema de huevo**
450 ml de **nata doble**
100 g de **azúcar de grano fino**
150 ml de zumo de **limón**
azúcar lustre

Estire la masa sobre una superficie espolvoreada con un poco de harina de modo que quede una capa fina y úsela para forrar un molde para tartas acanalado de 25 cm (*véase* pág. 11). Pinche la base con un tenedor y ponga el molde en la nevera durante 15 minutos.

Cueza en ciego (*véase* pág. 12) en un horno precalentado a 190 °C durante 15 minutos. Retire el papel y los macarrones o las alubias secas y cueza 10 minutos más hasta que quede crujiente y dorada. Saque del horno y reduzca la temperatura a 150 °C.

Mezcle los huevos, la yema de huevo, la nata doble, el azúcar y el zumo de limón y vierta la mezcla en la base de la tarta.

Cueza durante 20-25 minutos o hasta que el relleno esté cuajado. Deje enfriar la tarta por completo y después espolvoree con azúcar lustre y sírvala.

Para preparar frutos rojos con cassis para acompañar la tarta, corte por la mitad o a rodajas 250 g de fresas, según su tamaño, y mézclelas con 125 g de frambuesas, 125 g de arándanos, 3 cucharadas de azúcar de grano fino y 2 cucharadas de crema de cassis. Deje en remojo durante 1 hora antes de servir.

tarta Pithiviers con ciruelas

6 raciones
tiempo de preparación
  30 minutos
tiempo de cocción
  25-30 minutos

100 g de **mantequilla sin sal**,
  a temperatura ambiente
100 g de **azúcar de grano fino**
100 g de **almendras molidas**
unas cuantas gotas de **esencia
  de almendra**
1 **huevo**, batido, y un poco más
  para glasear
500 g de **masa de hojaldre
  preparada** o **casera**
  (*véase* pág. 15)
un poco de **harina**,
  para espolvorear
375 g de **ciruelas**, sin hueso
  y a trozos gruesos
azúcar lustre

Mezcle la mantequilla y el azúcar en un bol hasta que quede
homogéneo y cremoso. Añada las almendras y la esencia
de almendra, después el huevo y mézclelo todo hasta
que quede homogéneo.

Estire la mitad de la masa sobre una superficie espolvoreada
con un poco de harina de modo que quede una capa fina
y corte un círculo de 25 cm de diámetro con un plato a modo
de plantilla. Ponga la masa en una bandeja de horno humedecida
y después esparza la crema de almendras por encima dejando
un borde de 2,5 cm. Eche las ciruelas por encima en una única
capa. Pinte el borde de la masa con un poco de huevo batido.

Estire el resto de la masa de modo que quede una capa
fina y corte un círculo un poco mayor que el primero. Recorte
5 o 6 «S» desde el centro y, con la ayuda de un rodillo,
ponga la masa sobre la crema de almendras. Selle los
bordes y corte la masa sobrante. Haga pequeños cortes
horizontales en el borde para separar las capas ligeramente
y después haga canales (*véase* pág. 14).

Pinte la parte superior con huevo batido y cueza en un horno
precalentado a 200 °C durante 25-30 minutos hasta que
el hojaldre haya subido y esté dorado.

Deje enfriar un poco y después espolvoree la parte superior
con azúcar lustre y sirva la tarta a trozos con nata.

**Para preparar tarta Pithiviers con ciruelas pasas
al brandy**, ponga en remojo 150 g de ciruelas pasas
sin hueso con 3 cucharadas de brandy y después
échelas por encima de la crema de almendras en lugar
de las ciruelas. Siga tal como se indica en la receta.

tarta de chocolate, sirope de arce y nueces pacanas

8 raciones

tiempo de preparación
20 minutos, más tiempo
de refrigerado y enfriado

tiempo de cocción **1 hora-1 hora
y 10 minutos**

175 g de **harina común**,
tamizada, y un poco más
para espolvorear

25 g de **cacao en polvo**,
tamizado

¼ de cucharadita de **sal**

100 g de **mantequilla sin sal**
refrigerada, cortada a dados

1 **huevo**, un poco batido

2-3 cucharaditas de **agua fría**

para el **relleno**

125 g de **mantequilla sin sal**,
blanda

125 g de **azúcar moreno**

2 **huevos**, batidos

4 cucharadas de **harina común**

175 ml de **sirope de arce**

175 g de **nueces pacanas**,
tostadas

100 g de **piñones**, ligeramente
tostados

50 g de **chocolate sin leche**,
troceado

Ponga la harina, el cacao en polvo y la sal en un bol, añada la mantequilla y mezcle con los dedos hasta que la mezcla parezca migas de pan. Añada el huevo y el agua y siga mezclando hasta que la masa empiece a aglutinarse. Ponga la masa en una superficie espolvoreada con un poco de harina, amase suavemente y dele forma de disco. Envuelva la masa en film transparente y póngala en la nevera durante 30 minutos.

Estire la masa sobre una superficie espolvoreada con un poco de harina de modo que quede una capa fina y úsela para forrar un molde para tartas cuadrada de 23 cm (*véase* pág. 11). Pinche la base con un tenedor y ponga el molde en la nevera durante 20 minutos. Cueza en ciego (*véase* pág. 12) en un horno precalentado a 190 °C durante 15 minutos. Retire el papel y los macarrones o las alubias secas y cueza 5-10 minutos más hasta que quede crujiente y dorada. Deje enfriar. Reduzca la temperatura a 180 °C.

Mezcle la mantequilla y el azúcar hasta obtener una consistencia ligera y cremosa y después añada los huevos, la harina y la sal, hasta que quede homogéneo. Agregue el sirope (en este momento puede parecer que se corte), las nueces y el chocolate y vierta en la base de la tarta.

Cueza durante 40-45 minutos hasta que quede dorado y consistente en el centro. Saque del horno y deje enfriar. Sirva caliente con nata doble.

Para preparar la tarta tradicional de nuez pacana, sustituya el cacao por 25 g más de harina común y una pizca de mezcla de especias molidas en la masa. Ponga 250 g de nueces pacanas y omita los piñones y el chocolate; en su lugar, ponga 1 cucharadita de esencia de vainilla.

tarta *frangipane* con cerezas

8 raciones

tiempo de preparación
35 minutos, más tiempo
de refrigerado y enfriado
tiempo de cocción **50 minutos**

450 g de **masa brisa dulce
preparada** o **casera**
(*véase* pág. 15)
un poco de **harina**,
para espolvorear
250 g de **cerezas frescas**,
sin hueso, o 425 g de cerezas
en conserva, escurridas
3 **huevos**
100 g de **azúcar de grano fino**
75 g de **mantequilla sin sal**,
derretida
unas cuantas gotas de **esencia
de almendra**
100 g de **almendras molidas**
2 cucharadas de **almendras
en láminas**
azúcar lustre, para espolvorear

Estire la masa sobre una superficie espolvoreada con un poco de harina hasta que sea lo bastante grande como para forrar un molde para tartas acanalado con base extraíble de 25 cm untado con mantequilla (*véase* pág. 11). Ponga la masa con la ayuda de un rodillo en el molde, presionando para que la base y los laterales queden bien forrados. Corte la parte superior sobrante y ponga en la nevera durante 15 minutos.

Pinche la base con un tenedor. Cueza en ciego (*véase* pág. 12) en un horno precalentado a 190 °C durante 15 minutos. Vacíe y cueza 5 minutos más.

Ponga las cerezas en la base de la tarta. Mezcle los huevos y el azúcar hasta que quede una consistencia densa y hasta que, al levantar el batidor, caiga un rastro cremoso. Incorpore la mantequilla derretida y la esencia de almendra y después las almendras molidas. Vierta la mezcla encima de las cerezas y espolvoree con las almendras en láminas.

Reduzca la temperatura del horno a 180 °C y cueza la tarta durante 30 minutos hasta que esté dorada y el relleno esté cuajado. Compruebe la cocción tras 20 minutos y cubra la parte superior con papel de aluminio si parece que la tarta se está dorando muy deprisa.

Deje enfriar la tarta durante 30 minutos y después sáquela del molde y espolvoree con azúcar lustre antes de servir.

Para preparar tarta Bakewell, haga la base de la tarta, cuézala en ciego tal como se indica en la receta y después ponga 3 cucharadas de mermelada de fresa o de frambuesa por encima. Añada la mezcla de almendras y las almendras en láminas y cueza como antes.

tarta de pera y almendras

8 raciones

tiempo de preparación
20 minutos, más tiempo
de refrigerado

tiempo de cocción
50-55 minutos

450 g de **masa brisa dulce
preparada** o **casera**
(*véase* pág. 15)
un poco de **harina,**
para espolvorear
125 de **mantequilla sin sal,**
ablandada
125 g de **azúcar de grano fino**
125 g de **almendras molidas**
2 **huevos,** batidos
1 cucharada de **zumo de limón**
3 **peras** maduras, peladas,
sin corazón y cortadas
en rodajas gruesas
25 g de **almendras en láminas
azúcar lustre,** para espolvorear

Estire la masa sobre una superficie espolvoreada con
un poco de harina y úsela para forrar un molde para tartas
de 25 cm de diámetro (*véase* pág. 11). Pinche la base con
un tenedor y ponga el molde en la nevera durante 15 minutos.
Cueza en ciego (*véase* pág. 12) en un horno precalentado
a 190 °C durante 15 minutos. Retire el papel y los macarrones
o las alubias secas y cueza 5-10 minutos más hasta que la masa
esté crujiente y dorada. Deje enfriar por completo. Reduzca
la temperatura del horno a 190 °C.

Mezcle la mantequilla, el azúcar y las almendras molidas hasta
que quede homogéneo y después añada los huevos y el zumo
de limón.

Ponga los trozos de pera sobre la base de la tarta y vierta
la crema de almendras por encima. Espolvoree con las almendras
en láminas y cueza durante 30 minutos hasta que la parte
de arriba esté dorada y consistente. Saque del horno
y deje enfriar.

Espolvoree la tarta con azúcar lustre tamizado y sirva
en trozos con salsa de chocolate (*véase* abajo) y un poco
de helado de vainilla.

Para preparar la salsa de chocolate para acompañar
la tarta, derrita 100 g de chocolate sin leche, troceado,
50 g de mantequilla sin sal, cortada a dados, y 1 cucharada
de melaza o «miel» de caña de azúcar. Deje enfriar un poco.

pizzas dulces de fruta

4 raciones

tiempo de preparación
25 minutos, más tiempo
de subida la masa

tiempo de cocción
12-15 minutos

250 g de **harina de fuerza
blanca**, y un poco más
para espolvorear

¼ de cucharadita de **sal**

2 cucharadas de **azúcar
de grano fino**

¾ de cucharadita de **levadura
seca de acción rápida**

2 cucharadas de **aceite de oliva**

150 ml de **agua tibia**

para la **guarnición**

150 g de **queso mascarpone**

2 cucharadas de **azúcar lustre**

¼ de cucharadita de **esencia
de vainilla**

2 **melocotones**, sin hueso
y cortados a rodajas

2 **higos**, cortados a cuartos

125 g de **frambuesas frescas**

2 cucharadas de **sirope de arce**,
y un poco más para servir

Ponga la harina, la sal, el azúcar y la levadura en un bol y mezcle bien. Añada el aceite y vaya incorporando gradualmente el agua tibia hasta que quede homogéneo. Amase sobre una superficie espolvoreada con un poco de harina durante 5 minutos hasta que la masa quede elástica y suave. Vuelva a poner la masa en el bol, cúbrala con film transparente untado con un poco de aceite y déjela en un lugar cálido durante 45 minutos hasta que haya duplicado su tamaño.

Trabaje la masa de nuevo y después estírela para obtener 4 círculos de unos 18 cm de diámetro. Colóquelos en 2 bandejas de horno untadas con un poco de aceite.

Mezcle el mascarpone con el azúcar lustre y la esencia de vainilla y después unte las pizzas con esta mezcla dejando un borde sin cubrir. Ponga las frutas encima. Deje que la masa suba 15 minutos. Rocíe con sirope de arce y después cueza en un horno precalentado a 200 °C durante 12-16 minutos hasta que las pizzas estén doradas y las bases estén bien cocidas.

Deje reposar durante 5 minutos, rocíe las pizzas con un poco más de sirope de arce y sírvalas.

Para preparar pastel de mazapán y nectarina, añada la cáscara rallada de 1 limón al mezclar la masa, amase y deje que suba. Vuelva a amasar y después forre con ella un molde para tartas acanalado con base extraíble de 25 cm untada con un poco de aceite. Espolvoree con 75 g de mazapán rallado y después ponga 2 nectarinas encima. Rocíe con 2 cucharadas de mantequilla derretida y 2 cucharadas de azúcar de grano fino. Deje que la masa suba y después cueza durante 25-30 minutos a 200 °C, cubriendo con papel de aluminio después de 15 minutos si cree que se dora demasiado.

tartaletas de frutos rojos

6 raciones
tiempo de preparación
20 minutos, más tiempo
de refrigerado
tiempo de cocción
40-48 minutos

450 g de **masa brisa dulce**
preparada o **casera**
(*véase* pág. 15)
un poco de **harina,**
para espolvorear
azúcar lustre, para espolvorear

para el **relleno**
125 g de **mantequilla sin sal,**
blanda
125 g de **azúcar de grano fino**
2 **huevos**, un poco batidos
125 g de **avellanas molidas**
175 g de **frutos rojos** (como
frambuesas y arándanos)

para el **glaseado de albaricoque**
250 g de **mermelada**
de albaricoque
2 cucharaditas de **zumo**
de limón
2 cucharaditas de **agua**

Divida la masa en 2 trozos y estire cada uno sobre una
superficie espolvoreada con un poco de harina. Úselos para forrar
3 pequeños moldes acanalados de 12 cm (*véase* pág. 11). Pinche
las bases con un tenedor y póngalos en la nevera durante
30 minutos. Cueza en ciego (*véase* pág. 12) en un horno
precalentado a 190 °C durante 10 minutos. Vacíe y cueza
5-8 minutos más hasta que la masa esté crujiente y dorada.
Deje enfriar. Reduzca la temperatura del horno a 180 °C.

Mezcle la mantequilla y el azúcar hasta que adquiera una
consistencia cremosa y añada los huevos y las avellanas.

Reparta los frutos rojos entre las bases de masa y vierta la mezcla
de avellanas de manera uniforme. Cueza durante 25-30 minutos
o hasta que el relleno haya subido y esté consistente.

Ponga la mermelada en una cacerola pequeña con el zumo de
limón y el agua y cueza con fuego suave hasta que se derrita
la mermelada. Suba el fuego y hierva durante 1 minuto,
saque la cacerola del fuego y pase la mezcla por un colador
fino. Reserve en caliente.

Pinte las tartas con el glaseado de albaricoque caliente tan
pronto como salgan del horno. Deje enfriar y sirva con azúcar
lustre espolvoreado.

Para preparar tarta de frambuesa y almendras, forre
con masa un molde para tartas de 20 cm y cueza en ciego
tal como se indica en la receta. Mezcle la mantequilla y el
azúcar como antes y después añada los huevos, 125 g de
almendras molidas y unas gotas de esencia de almendras. Vierta
la mezcla en la base de la tarta con 3 cucharadas de almendras
en láminas. Cueza como antes durante 35-40 minutos.

tarta de hojaldre con manzana

6 raciones
tiempo de preparación
40 minutos, más tiempo
de refrigerado
tiempo de cocción
20-25 minutos

1 k g o 5 **manzanas para
cocinar**, cortadas a cuartos,
sin corazón, peladas y cortadas
a rodajas gruesas
100 g de **azúcar de grano fino**,
y un poco más para espolvorear
cáscara rallada de 1 **naranja**
pequeña
½ cucharadita de **mezcla
de especias molidas**
o **canela molida**
3 **clavos** enteros
400 g de **masa de hojaldre
preparada** o **casera**
(*véase* pág. 15)
un poco de **harina**,
para espolvorear
1 **huevo**, batido

Llene un molde para tartas de 1,2 l con las manzanas. Mezcle el azúcar con la cáscara de naranja, la mezcla de especias y los clavos y después échelo por encima de las manzanas.

Estire la masa sobre una superficie espolvoreada con un poco de harina hasta tener una superficie un poco mayor que el molde. Corte 2 tiras largas del borde de 1 cm de ancho. Pinte el borde del molde con un poco de huevo batido, ponga las tiras encima haciendo un poco de presión y luego píntelas con más huevo (*véanse* págs. 13-14). Ponga la masa restante encima del molde.

Corte la parte sobrante, haga pequeños cortes horizontales en los bordes con un cuchillo pequeño y después haga canales para sellar la tarta. Vuelva a estirar la masa restante y haga pequeños corazones o círculos con un molde de hacer galletas. Pinte la parte superior de la tarta con huevo batido, añada las formas que haya hecho con la masa y píntelas con huevo. Espolvoree con un poco de azúcar.

Cueza en un horno precalentado a 200 °C durante 20-25 minutos hasta que el hojaldre haya subido y esté dorado. Sirva caliente con un poco de nata agria o crema de leche espesa.

Para preparar una tarta de hojaldre con pera y ciruela con especias, sustituya 500 g de peras y 500 g ciruelas cortadas en rodajas por las manzanas, espolvoree con 75 g de azúcar de grano fino y añada 2 anises estrellados cortados por la mitad, 3 clavos y ¼ de cucharadita de canela molida. Omita la cáscara de naranja, cubra con masa y siga tal como se indica en la receta.

tatin de mango y azúcar de palma

8 raciones
tiempo de preparación
  40 minutos, más tiempo
  de congelado
tiempo de cocción
  20-25 minutos

75 g de **mantequilla sin sal**
75 g de **azúcar de palma**,
  rallado, o **azúcar moreno claro**
½ cucharadita de **mezcla
  de especias** molidas
3 **mangos** pequeños, pelados,
  sin hueso y cortados a rodajas
  gruesas
350 g de **masa de hojaldre
  preparada** o **casera**
  (*véase* pág. 15)
un poco de **harina**,
  para espolvorear

Para preparar el relleno, cueza la mantequilla, el azúcar
y las especias en una sartén que pueda poner luego en el horno
de 23 cm de diámetro hasta que la mantequilla se haya derretido.
Saque la sartén del fuego. Ponga con cuidado las rodajas
de mango en la sartén, formando una espiral desde el centro
hacia fuera en dos capas.

Estire la masa sobre una superficie espolvoreada con
un poco de harina y corte un círculo un poco mayor que
la sartén. Póngala encima de los mangos introduciendo
los bordes dentro de la sartén y haga un pequeño agujero
en el centro. Cueza en un horno precalentado a 220 °C
durante 20-25 minutos hasta que la masa haya subido
y esté dorada. Deje reposar 10 minutos antes de dar
la vuelta a la tarta y ponerla en un plato grande. Sirva
con helado.

Para preparar helado de coco, para acompañar la tatin,
lleve a la ebullición 300 ml de leche entera, una lata de
400 ml de leche de coco y 2 anises estrellados en una
cacerola. Saque del fuego y deje en infusión durante
20 minutos y después cuele la mezcla. Mezcle 5 yemas
de huevo con 75 g de azúcar de grano fino hasta que
adquiera una consistencia homogénea y cremosa. Añada
la mezcla de leche y después vuelva a ponerlo en la cacerola
y cueza a fuego lento, mientras remueve hasta que se haga
una capa muy densa en la superficie. Deje enfriar y después
ponga en una heladera hasta que quede denso o en un
recipiente de plástico dentro del congelador, removiendo
varias veces hasta que esté sólido.

tarta de calabaza

6 raciones
tiempo de preparación
30 minutos
tiempo de cocción **1 hora-1 hora
y 15 minutos**

500 g de **calabaza**, pesada
después de quitarle las pepitas
y la piel
3 **huevos**
100 g de **azúcar mascabado
claro**
2 cucharadas de **harina común**
½ cucharadita de **canela molida**
½ cucharadita de **jengibre
molido**
¼ de cucharadita de **nuez
moscada rallada**
200 ml de **leche**, y un poco
más para glasear
450 g de **masa brisa dulce
preparada** o **casera**
(*véase* pág. 15)
un poco de **harina**,
para espolvorear
azúcar lustre, para espolvorear

Corte la calabaza en daditos y cuézala en una vaporera tapada durante 15-20 minutos hasta que esté blanda. Deje enfriar y triture en una licuadora o un robot de cocina. Mezcle los huevos, el azúcar, la harina y las especias en un bol. Añada el puré de calabaza, mézclelo y añada la leche. Reserve.

Estire tres cuartas partes de la masa y forre un molde para tartas de cerámica de 23 cm de diámetro x 2,5 cm de hondo. Ponga la masa, con la ayuda de un rodillo, sobre el molde, y forre bien los laterales. Corte la masa sobrante y añádala a la masa reservada. Estire la restante hasta obtener una capa fina y haga hojas, ondulando sus extremos y marcándoles venas. Pinte el borde de la masa y enganche las hojas, pero reserve unas cuantas. Ponga el molde en una bandeja de horno.

Vierta el relleno de calabaza en el molde y ponga las hojas que desee por encima. A continuación pinte las hojas y el borde de la masa con un poco de leche. Cueza en un horno precalentado a 190 ºC durante 45-55 minutos hasta que el relleno esté cuajado y la masa quede bien cocida. Cubra la tarta con papel de aluminio tras 20 minutos de cocción para que el borde no quede demasiado tostado.

Sirva, espolvoreado con un poco de azúcar lustre y, si lo desea, con nata montada con especias molidas.

Para preparar tarta de calabaza al jengibre con sirope de arce, omita el azúcar mascabado y añada 6 cucharadas de sirope de arce. Omita la canela molida y la nuez moscada y aumente el jengibre molido a 1 ½ cucharadita y añada 2 cucharadas de jengibre confitado o tallo de jengibre picado muy fino.

tarta de lima kaffir

8 raciones
tiempo de preparación
20 minutos, más tiempo
de refrigerado
tiempo de cocción
33-40 minutos

400 g de **masa brisa dulce
preparada** o **casera**
(*véase* pág. 15)
un poco de **harina**,
para espolvorear
175 g de **azúcar de grano fino**
200 g de **zumo de lima** recién
exprimido (4-6 limas)
8 hojas de **lima kaffir** o la
cáscara rallada de 3 **limas**
3 **huevos**
2 **yemas de huevo**
175 g de **mantequilla sin sal**,
ablandada
azúcar lustre, para espolvorear

Estire la masa sobre una superficie espolvoreada con un poco
de harina y úsela para forrar un molde para tartas de 23 cm
(*véase* pág. 11). Pinche la base con un tenedor y ponga el
molde en la nevera durante 30 minutos. Cueza en ciego
(*véase* pág. 12) en un horno precalentado a 200 °C durante
15 minutos. Retire el papel y los macarrones o las alubias
secas y cueza 12-15 minutos más hasta que la masa esté
crujiente y dorada. Deje enfriar.

Para preparar el relleno, ponga el azúcar, el zumo de lima
y las hojas de lima kaffir o la cáscara de lima en una cacerola y
cueza con fuego suave para que se disuelva el azúcar. Lleve
a la ebullición y hierva a fuego lento durante 5 minutos. Cuele
la mezcla y póngala en una cacerola limpia.

Añada los huevos, las yemas de huevo y la mitad de la
mantequilla y cueza con fuego suave, mientras remueve,
durante 1 minuto o hasta que la salsa esté espesa y se haga
una capa muy densa en la superficie. Añada la mantequilla
restante y remueva constantemente hasta que la mezcla
espese.

Vierta la mezcla de lima en la base de la tarta y cueza
durante 6-8 minutos hasta que esté cuajada. Deje enfriar
y sirva caliente con azúcar lustre.

Para preparar ensalada de mango y kiwi, para acompañar
la tarta, pele, quite el hueso y corte a dados 1 mango grande
y después mézclelo con kiwis cortados a rodajas, las semillas
de 3 frutas de la pasión y el zumo de 1 lima.

tripiti de ciruelas

24 raciones
tiempo de preparación
40 minutos
tiempo de cocción **10 minutos**

100 g de **queso feta**, escurrido
y rallado grueso
100 g de **queso ricotta**
50 g de **azúcar de grano fino**
¼ de cucharadita de **canela molida**
1 **huevo**, batido
75 g de **mantequilla sin sal**
12 láminas de **pasta filo**
preparada de un paquete
de 200g
un poco de **harina**,
para espolvorear
500 g de **ciruelas** rojas
pequeñas, cortadas por
la mitad y sin hueso
azúcar lustre, para espolvorear

Mezcle el feta, la ricotta, el azúcar, la canela y el huevo en un bol. Derrita la mantequilla en una cacerola pequeña.

Estire las láminas de pasta sobre una superficie espolvoreada con un poco de harina y ponga una con la parte corta hacia usted. Cubra las láminas restantes con film transparente para evitar que se sequen. Pinte la lámina de pasta con un poco de mantequilla derretida y después córtela por la mitad para obtener dos tiras largas. Ponga un poco de la mezcla de queso un poco más arriba de la esquina inferior izquierda de cada tira y después cúbrala con una mitad de ciruela. Doble la esquina inferior derecha de una tira en diagonal hacia dentro de modo que cubra el relleno y se forme un triángulo.

Doble la esquina inferior izquierda hacia dentro para hacer un segundo triángulo y después siga doblando hasta llegar a la parte superior de la tira y el relleno quede encerrado en un triángulo de pasta. Ponga el triángulo en una bandeja de horno y repita hasta tener 24 triángulos.

Pinte la parte exterior de los triángulos con la mantequilla restante y cueza en un horno precalentado a 200 °C durante 10 minutos hasta que la pasta esté dorada y los jugos de la ciruela empiecen a salir por los lados. Espolvoree con un poco de azúcar lustre tamizado y deje enfriar 15 minutos antes de servir.

Para preparar *tripiti* de melocotón al jengibre, haga el relleno del mismo modo pero sazone con 2 cucharadas de jengibre confitado o tallo de jengibre picado en lugar de la canela molida. Termine con 2 melocotones maduros, cada uno cortado en 12 trozos.

strudel de manzana y uvas pasas

6 raciones
tiempo de preparación
30 minutos, más tiempo
de remojado
tiempo de cocción
30-35 minutos

100 g de **uvas Moscatel pasas**
2 cucharadas de **brandy**
750 g de **manzanas para
postre**, cortadas a cuartos,
sin corazón y cortadas a dados
75 g de **pan blanco del día
rallado**
50 g de **azúcar moreno claro**
cáscara rallada de 1 **limón**
50 g de **piñones**, tostados
1 cucharadita de **canela molida**,
y un poco más para
espolvorear
12 láminas de **pasta filo**
preparada de un paquete
de 200 g
un poco de **harina**,
para espolvorear
65 g de **mantequilla sin sal**,
derretida
2 cucharadas de **azúcar lustre**,
para espolvorear

Ponga las uvas pasas en un bol y cúbralas con el brandy.
Deje en remojo durante 2 horas.

Ponga las manzanas en un bol y añada el pan rallado,
el azúcar, la cáscara de limón, los piñones, la canela
y las uvas pasas y su jugo. Remueva bien.

Ponga 2 láminas de la pasta en una superficie de trabajo
espolvoreada con un poco de harina, una junto a la otra
y solapándose unos 2,5 cm de modo que tengamos una lámina
mayor de pasta. Píntela con mantequilla derretida y después
vaya poniendo el resto de la pasta, pintando cada capa
con un poco de mantequilla.

Esparza la mezcla de manzana sobre la pasta, dejando un
borde de 5 cm. Doble los lados largos hacia el centro. Pinte
con mantequilla y enrolle a partir del lado corto para formar
un brazo de gitano.

Ponga el brazo de gitano en una bandeja de horno, pinte
con la mantequilla derretida restante y cueza en un horno
precalentado a 200 °C durante 30-35 minutos hasta que esté
un poco dorado. Mezcle el azúcar lustre tamizado con un poco
de canela y espolvoree el *strudel* con ello. Sirva caliente con
natillas o nata montada.

Para preparar *strudel* de ciruelas y almendras, omita
las pasas, el brandy y las manzanas y mezcle 625 g de ciruelas
rojas sin hueso y cortadas a rodajas gruesas con el pan rallado,
el azúcar, la cáscara de limón, 50 g de almendras molidas
y 1 cucharadita de canela molida. Siga tal como se indica
en la receta.

tarta de doble chocolate

6-8 raciones
tiempo de preparación
40 minutos, más tiempo
de refrigerado y enfriado
tiempo de cocción **40 minutos**

400 g de **masa brisa dulce
preparada** o **casera**
(*véase* pág. 15)
un poco de **harina**,
para espolvorear
150 g de **chocolate sin leche**,
troceado, y 50 g más para
decorar
150 g de **chocolate blanco**
100 g de **mantequilla sin sal**
3 **huevos**
1 **yema de huevo**
100 g de **azúcar de grano fino**
2 cucharaditas de **nata doble**

Estire la masa y forre un molde para tartas acanalado con base extraíble de 24 cm (*véase* pág. 11) untado con un poco de mantequilla. Ponga la masa en el molde con la ayuda de un rodillo y forre bien los laterales. Corte la masa sobrante. Pinche la base con un tenedor y ponga el molde en la nevera durante 15 minutos. Cueza en ciego (*véase* pág. 12) en un horno precalentado a 190 °C durante 15 minutos. Vacíe y cueza 5 minutos más.

Derrita los chocolates en boles diferentes sobre una cacerola con agua hirviendo a fuego lento (*véase* pág. 11). Añada tres cuartas partes de la mantequilla al chocolate negro y el resto al blanco. Deje que se derrita.

Mezcle los huevos, la yema de huevo y el azúcar en otro bol durante 3-4 minutos hasta que haya duplicado su volumen pero su consistencia sea ligera. Incorpore dos terceras partes a la mezcla de chocolate negro y después vierta en la base de la tarta cocida. Añada la nata al chocolate blanco para hacerlo más líquido y después incorpore la mezcla de huevo restante. Vierta sobre la capa de chocolate negro para cubrir la tarta del todo.

Baje la temperatura del horno a 160 °C y cueza la tarta durante 20 minutos hasta que el relleno esté cuajado pero tenga consistencia blanda en el centro. Deje enfriar por lo menos 1 hora. Decore con unas líneas dobles de chocolate negro derretido y deje reposar por lo menos 30 minutos antes de servir.

Para preparar una tarta de chocolate negro, derrita 300 g de chocolate sin leche con 100 g de mantequilla. Mezcle los huevos y el azúcar e incorpore la mezcla al chocolate. Vierta en la base de la tarta y cueza durante 15 minutos. Espolvore con cacao tamizado para servir.

minitulipas de nectarina y arándanos

6-8 raciones

tiempo de preparación
 40 minutos, más el tiempo
 de refrigerado y enfriado
tiempo de cocción **40 minutos**

25 g de **mantequilla sin sal**
2 cucharaditas de **aceite
 de oliva**
4 láminas de **pasta filo** preparada,
 cada una de 30 x 18 cm o 65 g
 en total
un poco de **harina**,
 para espolvorear
2 cucharadas de **mermelada
 de frutos rojos**
zumo de ½ **naranja**
4 **nectarinas** maduras,
 cortadas por la mitad,
 sin hueso y cortadas
 a rodajas
150 g de **arándanos**
azúcar lustre, para espolvorear

Caliente la mantequilla y el aceite en una cacerola pequeña hasta que se haya derretido la mantequilla.

Estire la pasta sobre una superficie espolvoreada con un poco de harina y separe las láminas. Pinte con un poco de la mezcla de mantequilla y después corte en 24 trozos, cada uno de 10 x 8 cm.

Ponga un trozo en cada uno de los orificios de un molde para 12 magdalenas y después otro encima en un ángulo diferente para darle un bonito aspecto irregular.

Cueza en un horno precalentado a 180 °C durante 6-8 minutos hasta que esté dorado. Mientras, caliente la mermelada y el zumo de naranja en una cacerola y después añada las nectarinas y los arándanos para que se cueza todo junto.

Saque las tulipas con cuidado del molde y póngalas en un plato de servir. Rellene las tulipas con las frutas calientes y espolvoree con azúcar lustre tamizado. Sirva con nata o helado.

Para preparar tulipas de uvas con miel, haga las tulipas tal como se indica en la receta. En una cacerola, cueza 300 g uvas rojas sin pepitas cortadas por la mitad, 175 ml de mosto de uva roja y 1 cucharada de miel durante 5 minutos. Saque las uvas con una espumadera y después hierva el jugo hasta que quede una consistencia de jarabe. Vuelva a poner las uvas en la cacerola y deje enfriar. Mezcle 250 g de yogur griego con 2 cucharadas de miel líquida, póngalo en las tulipas y después eche las uvas con jarabe frías por encima.

pastelito de hojaldre con chocolate blanco y frambuesas

6 raciones
tiempo de preparación
20 minutos, más el tiempo
de refrigerado
tiempo de cocción **15 minutos**

375 g de **masa de hojaldre preparada** o **casera**
(*véase* pág. 15)
un poco de **harina**,
para espolvorear
200 ml de **nata doble**
½ **vaina de vainilla**
200 g de **chocolate blanco**,
troceado
150 g de **frambuesas**
azúcar lustre, para espolvorear

Estire la masa sobre una superficie espolvoreada con un poco de harina hasta obtener un rectángulo de 2,5 mm de grosor. Córtelo en 6 rectángulos, de 12 x 7 cm cada uno, y póngalos en una bandeja de horno. Ponga la masa en la nevera durante 30 minutos. Cueza en un horno precalentado a 200 °C durante 15 minutos hasta que la masa haya subido y esté dorada. Deje enfriar la pasta sobre una rejilla.

Ponga la nata y la vaina de vainilla en una cacerola y cueza con fuego suave hasta que alcance el punto de ebullición. Saque del fuego. Raspe las vainas para extraer sus semillas, que añadirá a la nata, y deseche la vaina. Inmediatamente añada el chocolate y siga removiendo hasta que se haya derretido. Deje enfriar, ponga en la nevera durante 1 hora y después bata hasta que adquiera una consistencia cremosa.

Parta las pastas de hojaldre por la mitad y rellene cada una con la crema de chocolate y las frambuesas. Sirva con azúcar lustre tamizado.

Para preparar pastelitos de hojaldre con crema y fresa, haga los rectángulos de masa tal como se indica en la receta y deje enfriar. Monte 150 ml de nata doble y después añada 125 g de natillas preparadas. Parta las pastas y rellénelas con la crema de natillas y 250 g de fresas cortadas a trozos. Espolvoree la tapa del hojaldre con azúcar lustre antes de servir.

tarta de plátano y caramelo

6 raciones

tiempo de preparación
   35 minutos, más el tiempo
   de refrigerado y enfriado
tiempo de cocción **8 minutos**

200 g de **mantequilla sin sal**
2 cucharadas de **melaza**
   o «**miel**» **de caña de azúcar**
250 g de **galletas** *digestive*,
   trituradas
100 g de **azúcar mascabado**
   oscuro
lata de 400 g de **leche**
   condensada
300 ml de **nata doble**
3 **plátanos** pequeños
zumo de 1 **limón**
chocolate sin leche, rallado,
   para decorar

Derrita la mitad de la mantequilla y la melaza en una cacerola, añada las galletas trituradas y mezcle bien. Ponga la mezcla en un molde desmontable de 20 cm untado con mantequilla y dé forma de modo que cubra uniformemente la base y las paredes. Deje enfriar.

Caliente la mantequilla restante y el azúcar en una sartén antiadherente hasta que la mantequilla se haya derretido y el azúcar se haya disuelto. Añada la leche condensada y cueza a fuego medio, sin parar de remover, durante 4-5 minutos hasta que la mezcla espese y empiece a oler a caramelo (no ponga el fuego demasiado alto; si no, la leche condensada se quemará).

Saque la sartén del fuego y deje enfriar la mezcla durante 1-2 minutos y después viértala en el molde. Deje que se enfríe por completo y después ponga en la nevera por lo menos durante 1 hora.

Monte la nata justo antes de servir. Parta los plátanos en dos a lo largo, córtelos a rodajas y déjelos en remojo con el zumo de limón. Incorpore dos terceras partes del plátano a la nata y después vierta la mezcla sobre la capa de caramelo. Ponga unas rodajas de plátano por encima. Desenganche el borde del pastel con una espátula, retire el molde y póngalo en un plato de servir. Espolvoree con chocolate rallado y sirva en trozos.

Para preparar un helado con plátano y caramelo, haga el caramelo tal como se indica en la receta, pero cueza sólo durante 2 minutos para que quede más líquido y después deje enfriar. En 6 vasos ponga, a capas, rodajas de plátano, 12 bolas de helado de vainilla, 3 barquillos machados y una lluvia de la salsa, recalentada si ha quedado muy espesa. Espolvoree con chocolate rallado o en virutas.

tartaletas de papaya, lima y mango

20 raciones
tiempo de preparación
35 minutos
tiempo de cocción
15-20 minutos

250 g de **masa brisa dulce preparada** o **casera** (*véase* pág. 15)
un poco de **harina**, para espolvorear
cáscara rallada fina y zumo de 2 **limas** grandes y jugosas
6 cucharadas de **nata doble**
150 ml de **leche condensada**
2 cucharadas de **papaya** cortada a daditos
2 cucharadas de **mango** cortado a daditos
cáscara de lima, para decorar

Estire la masa sobre una superficie espolvoreada con un poco de harina hasta obtener un grosor de 2,5 mm y, después, con la ayuda de un molde redondo de 5 cm, haga 20 círculos. Utilice los círculos de masa para forrar 20 moldes de tartaletas pequeñas de 5 cm (*véase* pág. 11). Pinche las bases con un tenedor. Forre la masa con papel sulfurizado, añada macarrones o alubias secas y cueza en ciego (*véase* pág. 12) en un horno precalentado a 190 °C durante 10 minutos. Retire el papel y los macarrones o las alubias secas y cueza 5-10 minutos más o hasta que estén crujientes y doradas. Sáquelas del horno.

Ponga la cáscara de lima en una batidora con la nata y la leche condensada y bata hasta que quede homogéneo. Con la batidora en marcha, vaya añadiendo lentamente el zumo de lima. Bata hasta que quede homogéneo. (También puede hacerlo con el batidor manual). Ponga la mezcla en un bol, cubra y ponga en la nevera durante 3-4 horas o hasta que esté consistente.

Ponga las tartaletas en una fuente y vierta la mezcla de lima dentro de cada una de ellas. Mezcle el mango con la papaya y, con una cucharilla, ponga un poco en cada tartaleta. Decore con cáscara de lima y sirva inmediatamente.

Para preparar tartaletas de frutos rojos, haga las tartaletas y el relleno tal como se indica en la receta. Ponga el relleno en las tartaletas. Ponga en una cacerola 3 cucharadas de gelatina de grosella, la cáscara y el zumo de 1 lima y cueza hasta que adquiera una consistencia de jarabe y después añada 150 g de arándanos y 150 g de frambuesas. Ponga la fruta encima de las tartaletas.

para los más sibaritas

fresas en gelatina rosada con crema

6 raciones
tiempo de preparación
25 minutos, más tiempo
de remojo y refrigerado

4 cucharadas de **agua**
1 bolsita o 3 cucharaditas
de **gelatina en polvo**
40 g de **azúcar de grano fino**
500 ml de **vino rosado**
250 g de **fresas** pequeñas,
sin rabito y cortadas
por la mitad

para la **crema de vino**
cáscara rallada fina de **1 limón**
25 g de **azúcar de grano fino**
6 cucharadas de **vino rosado**
250 ml de **nata doble**

Ponga la medida de agua en un pequeño bol refractario y después eche la gelatina por encima, moviendo el bol de un lado a otro para que el agua absorba completamente los polvos. Deje en remojo durante 5 minutos.

Ponga el bol en una cacerola pequeña con agua hirviendo a fuego lento durante 5 minutos o hasta que se forme un líquido transparente. Saque del fuego y después añada el azúcar hasta que se disuelva. Deje enfriar un poco y después vaya añadiéndolo gradualmente al vino rosado.

Reparta las fresas en 6 copas de vino espumoso. Vierta la mezcla de gelatina rosada por encima y ponga en la nevera hasta que haya cuajado.

Mezcle la cáscara de limón, el azúcar y el vino para hacer la crema y reserve. Cuando vaya a servir el postre, monte la nata y gradualmente vaya incorporando la mezcla de cáscara de limón. Ponga la nata encima de la gelatina.

Para preparar un cóctel de naranja espumosa, disuelva la gelatina tal como se indica en la receta, añada 25 g de azúcar de grano fino y, cuando se haya enfriado, añada 200 ml de zumo de naranja sanguina (o normal) y 500 ml de vino blanco espumoso seco barato. Reparta 150 g de frambuesas frescas o congeladas entre las copas y vierta la gelatina por encima. Ponga en la nevera hasta que haya cuajado y sirva sin nada más.

suflé frío de grosella negra y menta

6 raciones

tiempo de preparación
40 minutos, más tiempo
de refrigerado

tiempo de cocción
18-20 minutos

250 g de **grosellas negras**,
descongeladas si son
congeladas

6 cucharadas de **agua**

4 cucharaditas de **gelatina
en polvo**

4 **huevos**, con yemas y claras
separadas

200 g de **azúcar de grano fino**

250 ml de **nata doble**

5 cucharadas de **menta fresca**
picada fina

azúcar lustre, para espolvorear

Envuelva un molde de 13 cm de diámetro x 6 cm de hondo con una tira doble de papel sulfurizado de modo que el papel sobresalga 6 cm del borde y sujételo con un cordel. Ponga las grosellas negras y 2 cucharadas del agua en una cacerola, tape y cueza con fuego suave durante 5 minutos hasta que estén tiernas. Aplaste y cuele la fruta.

Ponga el agua restante en un pequeño bol refractario y eche la gelatina. Reserve durante 5 minutos y después ponga el bol sobre una cacerola llena hasta la mitad con agua hirviendo a fuego lento durante 3-4 minutos, remueva hasta que la gelatina se disuelva y quede un líquido transparente.

Ponga las yemas y el azúcar en un bol refractario y póngalo sobre una cacerola con agua hirviendo a fuego lento de modo que la base del bol no toque el agua. Bata durante 10 minutos o hasta que los huevos tengan una consistencia densa y cremosa y hasta que, al levantar el batidor, deje un rastro cremoso. Retire el bol del fuego y siga batiendo hasta que se haya enfriado. Vaya vertiendo la gelatina líquida lenta y constantemente en el puré de fruta.

Monte la nata e incorpórela a la mezcla del suflé con la menta. Monte las claras a punto de nieve. Añada 1 cucharada de claras a la mezcla del suflé para hacerla menos densa y después vaya añadiendo el resto de claras. Vierta la mezcla en el molde de modo que sobresalga del borde del molde. Deje en la nevera 4 horas o hasta que haya cuajado.

Retire el cordel y el papel. Ponga 4-5 tiras de papel sulfurizado sobre el suflé de modo que alguno quede superpuesto y espolvoree con azúcar lustre tamizado. Retire las tiras y sirva para que el azúcar no se disuelva.

bizcocho con frutos rojos

6-8 raciones
tiempo de preparación
  30 minutos, más tiempo
  de enfriado
tiempo de cocción
  10-12 minutos

4 **huevos**
100 g de **azúcar de grano fino**
100 g de **harina común**
cáscara rallada fina
  y 2 cucharadas de zumo
  de 1 **limón**
150 ml de **nata doble**
150 g de **queso fresco**
3 cucharadas de **mermelada
  de limón inglesa
  (lemon curd)**
500 g de **fresas** pequeñas,
  cortadas por la mitad
150 g de **arándanos**
4 cucharadas de **gelatina
  de grosella**
1 cucharada de **agua** (o **zumo
  de limón**)

Mezcle los huevos con el azúcar en un bol grande hasta obtener una consistencia densa y hasta que, al levantar el batidor, caiga un rastro cremoso. Tamice la harina sobre los huevos y después mezcle con suavidad. Añada la cáscara y el zumo de limón y mezcle hasta que quede homogéneo. Vierta la mezcla en un molde para bizcochos de 25 cm untado con mantequilla y espolvoreado con harina, moviendo el molde de un lado para el otro para que quede una capa uniforme.

Cueza en un horno precalentado a 180 °C durante 10-12 minutos hasta que la parte superior del bizcocho esté dorada y el centro vuelva a su posición al ejercer un poco de presión. Deje enfriar el bizcocho 5-10 minutos y después sáquelo del molde con cuidado y deje enfriar sobre una rejilla.

Monte la nata y después incorpore el queso fresco y la mermelada de limón. Ponga el bizcocho en un plato de servir, vierta la nata en el centro y espárzala uniformemente y termine con las fresas y los arándanos. Caliente la gelatina de grosella en una cacerola pequeña con la medida de agua (o zumo de limón) y úsela para pintar la fruta.

Para preparar bizcocho con fresas y Pimm's, haga el bizcocho tal como se indica en la receta y después rellénelo con 300 ml de nata montada mezclada con cáscara rallada de ½ naranja. Ponga encima 500 g de fresas troceadas y 150 g de frambuesas que hayan estado en remojo con 3 cucharadas de Pimm's y 2 cucharadas de azúcar de grano fino durante 30 minutos.

pastel de merengue y avellanas

8-10 raciones
tiempo de preparación
30 minutos, más tiempo
de enfriado y refrigerado
tiempo de cocción **1 hora-1 hora
y 15 minutos**

5 **huevos,** con yemas
y claras separadas
300 g de **azúcar de grano fino**
1 cucharada de **harina fina
de maíz**
125 g de **avellanas escaldadas**,
tostadas y molidas finas
250 g de **chocolate sin leche**,
troceado
200 ml de **nata doble**
cacao en polvo,
para espolvorear

para las **avellanas
chocolateadas**
50 g de **chocolate sin leche**,
troceado
50 g de **avellanas**

Ponga 3 bandejas de horno, una al lado de la otra, y dibuje un círculo de 23 cm en 3 láminas de papel sulfurizado.

Monte las claras a punto de nieve y añada el azúcar hasta que quede una consistencia densa y brillante (*véase* pág. 10). Agregue la harina fina de maíz y las avellanas molidas hasta que quede homogéneo. Empezando desde el centro de cada círculo de papel, dibuje con una manga pastelera con boquilla lisa de 1 cm una espiral y termine en la línea marcada.

Cueza en un horno precalentado a 150 °C durante 1 hora o 1 hora y 15 minutos hasta que esté dorado y seco. Saque del horno y deje enfriar. Retire el papel sulfurizado.

Derrita el chocolate (*véase* pág. 11) junto con la nata en una cacerola con agua hirviendo a fuego lento para hacer el relleno. Deje enfriar y después póngalo en la nevera 1 hora hasta que haya espesado.

Derrita el chocolate para las avellanas chocolateadas y use un tenedor para sumergir las avellanas hasta que queden completamente recubiertas. Deje que se solidifique el chocolate en papel sulfurizado.

Bata el relleno de chocolate hasta que esté esponjoso y úselo para unir las capas de merengue. Decore el pastel con las avellanas y sirva con cacao en polvo tamizado.

Para preparar pastel de merengue y almendras, sustituya las avellanas por 125 g de almendras molidas y añádalas al merengue junto con la harina fina de maíz. Cueza y rellene según la receta. Recubra 50 g de almendras escaldadas en chocolate derretido y úselas como antes. Espolvoree con cacao en polvo.

mousse de frutos rojos

6 raciones
tiempo de preparación
   45 minutos, más tiempo
   de enfriado y refrigerado
tiempo de cocción
   12-15 minutos

3 **huevos**
75 g de **azúcar de grano fino**
75 g de **harina común**, tamizada

para la *mousse*
2 cucharaditas de **gelatina
   en polvo**
2 cucharadas de **agua fría**
2 **claras de huevo**
75 g de **azúcar de grano fino**
150 ml de **nata doble**
200 g de **frutos rojos**, recién
   descongelados, triturados

para la **decoración**
unas cuantas **grosellas** y
   frambuesas enteras y algunas
   fresas, cortadas por la mitad
unas cuantas hojas pequeñas
   de **menta fresca**
azúcar lustre, para espolvorear

Mezcle los huevos y el azúcar hasta que, al levantar el batidor, deje un rastro cremoso. Añada la harina. Vierta la mezcla en un molde de 35 x 25 cm untado con mantequilla.

Cueza en un horno precalentado a 180 °C durante 12-15 minutos hasta que el bizcocho esté dorado y vuelva a su posición tras presionarlo. Deje enfriar en el molde.

Corte 12 círculos de 12 x 7,5 cm del bizcocho con un molde de galletas. Corte 6 tiras de plástico (una carpeta de plástico nueva es perfecto) de 27 x 7,5 cm. Envuelva cada círculo de bizcocho con una tira y sujétela con cinta adhesiva. Ponga los bizcochos en una bandeja de horno.

Eche la gelatina con el agua en un bol y deje en remojo durante 5 minutos. Ponga en bol sobre una cacerola con agua hirviendo a fuego lento y déjelo ahí hasta que la gelatina se haya disuelto. Monte las claras a punto de nieve e incorpore el azúcar hasta obtener una consistencia densa y brillante (*véase* pág. 10). Monte la nata en otro bol. Vaya echando poco a poco la gelatina en la nata. Mezcle bien y después añada el puré de frutas y el merengue.

Reparta la mezcla entre los moldes de plástico y tape con los círculos de bizcocho. Ponga las *mousses* en la nevera durante 4-5 horas hasta que hayan cuajado. Reparta en cada *mousse* unos cuantos frutos rojos, espolvoree con azúcar lustre tamizado y sirva.

Para preparar *mousse* de melocotón Melba, haga la *mousse* con 4 melocotones maduros, triturados y colados. Ponga en la nevera y sirva con 125 g de frambuesas trituradas y coladas y unas frambuesas enteras por encima.

pastel de ricotta

6 raciones
tiempo de preparación
   20 minutos, más tiempo
   de enfriado y refrigerado
tiempo de cocción
   47-50 minutos

480 g de **queso ricotta**
425 g de **queso cremoso**
2 **huevos**
1 cucharadita de **esencia**
   de vainilla
125 g de **azúcar de grano fino**
½ **naranja** pequeña
1 cucharadita de **clavos enteros**
2 cucharadas de **azúcar moreno**
   oscuro
1 **rama de canela**
175 ml de **agua**
375 g de **ciruelas rojas**,
   cortadas por la mitad
   y sin hueso
2 cucharadas de **gelatina**
   de grosella

Unte con mantequilla un molde para pan de molde de 500 g y forre la base y las paredes con papel sulfurizado. Mezcle el queso ricotta y el cremoso con los huevos, la esencia de vainilla y el azúcar de grano fino hasta que quede homogéneo. Vierta la mezcla en el molde y póngalo en una bandeja de horno pequeña. Ponga agua caliente en la bandeja hasta llegar a 2,5 cm de profundidad y cueza al baño María en un horno precalentado a 160 °C durante 40 minutos o hasta que esté ligeramente cuajado. Saque el molde del agua y deje enfriar.

Clave los clavos en la naranja y póngala en una cacerola honda con el azúcar moreno, la canela y la medida de agua. Lleve a la ebullición, baje el fuego y añada las ciruelas. Tape y cueza con fuego suave durante 5 minutos o hasta que estén tiernas.

Saque las ciruelas de la cacerola y vierta la gelatina de grosella. Hierva durante 2 minutos hasta que haya reducido y tenga una consistencia de jarabe. Retire la naranja y la rama de canela y eche el jarabe por encima de las ciruelas. Deje enfriar el jarabe y póngalo en la nevera hasta el momento de servir.

Saque el pastel de queso del molde, retire el papel y corte a trozos. Sirva con las ciruelas.

Para preparar pastel de queso ricotta con salsa tropical, haga el pastel de queso tal como se indica en la receta, pero omita las ciruelas. Corte a trozos la pulpa de 1 mango grande y tritúrelo con el zumo de 1 naranja grande y 1 lima. Cuele el puré y después mézclelo con 1 cucharada de azúcar lustre y las semillas de 2 frutas de la pasión cortadas por la mitad. Sirva con trozos de pastel.

pastel de polenta y limón

8-10 raciones
tiempo de preparación
20 minutos, más tiempo
de enfriado
tiempo de cocción **30 minutos**

125 g de **harina común**
1 ½ cucharaditas de **levadura
química**
125 g de **polenta**
3 **huevos**
2 **claras de huevo**
175 g de **azúcar de grano
fino dorado**
cáscara rallada y zumo
de 2 **limones**
100 g de **aceite vegetal**
150 ml de **suero de mantequilla**

para las **fresas al vino tinto**
300 ml de **vino tinto**
1 **vaina de vainilla**, abierta
150 g de **azúcar de grano fino**
2 cucharadas de **vinagre
balsámico**
250 g de **fresas**, sin rabito

Tamice la harina y mézclela con la levadura en un bol. Después añada la polenta y reserve. Mezcle los huevos, las claras de huevo y el azúcar durante 3-4 minutos hasta que la mezcla quede densa y cremosa. Incorpore la mezcla de polenta, la cáscara y el zumo de limón, el aceite y el suero de mantequilla para formar una masa homogénea.

Vierta la mezcla en un molde para pasteles desmontables de 25 cm untado con mantequilla y con la base forrada con papel sulfurizado. Cueza en un horno precalentado a 180 °C durante 30 minutos hasta que haya subido y esté consistente.

Ponga el vino, la vaina de vainilla y el azúcar en una cacerola y cueza con fuego suave para disolver el azúcar. Suba el fuego y hierva a fuego lento durante 10-15 minutos hasta que la mezcla se haya reducido y tenga consistencia de jarabe. Deje enfriar y después añada el vinagre balsámico y las fresas.

Corte el pastel de polenta y limón en trozos y sirva con las fresas al vino tinto.

Para preparar pastel de polenta con sirope de limón, haga el pastel tal como se indica en la receta. En una cacerola, cueza la cáscara rallada fina y el zumo de 2 limones, 200 g de azúcar de grano fino y 2 cucharadas de agua hasta que el azúcar se haya disuelto. Ponga el pastel caliente en un plato, vierta el sirope por encima y deje que se empape durante 15 minutos. Sirva caliente, en trozos, con nata o yogur griego.

crema de café latte

6 raciones
tiempo de preparación
 20 minutos, más tiempo
 de refrigerado
tiempo de cocción **30 minutos**

2 **huevos**
2 **yemas de huevo**
1 lata de 397 g de **leche
 condensada**
200 ml de **café solo fuerte**
150 ml de **nata doble**
cacao en polvo, para
 espolvorear
barquillos de chocolate,
 para acompañar

Mezcle los huevos, las yemas de huevo y la leche condensada en un bol hasta que quede homogéneo. Vaya añadiendo gradualmente el café.

Cuele la mezcla y después viértala en 6 tazas de café de 125 ml untadas con mantequilla. Ponga las tazas en una bandeja de horno. Vierta agua caliente en la bandeja de modo que llegue hasta la mitad de las tazas y cueza al baño María en un horno precalentado a 160 °C durante 30 minutos hasta que la crema haya cuajado. Saque las tazas del agua, deje enfriar y después póngalas en la nevera durante 4-5 horas.

Monte la nata cuando vaya a servir el postre. Póngala sobre la crema de las tazas, espolvoree con un poco de cacao en polvo tamizado y sirva con barquillos de chocolate.

Para preparar crema de chocolate negro, lleve 450 ml de leche y 150 ml de nata doble a la ebullición en una cacerola. Añada 200 g de chocolate sin leche, troceado, y deje que se derrita. Mezcle 2 huevos y 2 yemas de huevo con 50 g de azúcar de grano fino y 1/4 de cucharadita de canela molida. Vaya incorporando gradualmente la mezcla de chocolate y remueva hasta que quede homogéneo. Cuele la mezcla, póngala en platos pequeños y cueza tal como se indica en la receta. Ponga un poco de nata montada y virutas de chocolate por encima.

brazo de gitano de chocolate y castañas

8 raciones
tiempo de preparación
  20 minutos, más tiempo
  de enfriado
tiempo de cocción **25 minutos**

125 g de **chocolate sin leche**,
  troceado
5 **huevos**, con yemas y claras
  separadas
175 g de **azúcar de grano
  fino**, y un poco más
  para espolvorear
2 cucharadas de **cacao
  en polvo**, tamizado
lata de 250 g de **crema
  de castaña al natural**
4 cucharadas de **azúcar lustre**
1 cucharada de **brandy**
250 ml de **nata doble**
azúcar lustre, para espolvorear

Derrita el chocolate (*véase* pág. 11) y deje enfriar 5 minutos. Ponga las yemas de huevo en un bol, añada el azúcar y mezcle durante 5 minutos hasta que tenga una consistencia densa y cremosa. Añada el chocolate derretido y el cacao. Monte las claras a punto de nieve e incorpórelas a la mezcla de chocolate hasta que quede homogéneo.

Unte con mantequilla y forre con papel sulfurizado un molde de 33 x 23 cm. Vierta la mezcla en el molde y repártala bien para que llegue a las esquinas y aplane la superficie con una espátula. Cueza en un horno precalentado a 180 °C durante 20 minutos hasta que haya subido y esté cocida.

Espolvoree una lámina grande de papel sulfurizado con azúcar de grano fino. Saque la masa del horno y póngala sobre el papel con azúcar. Con cuidado, retire el papel con el que había forrado el molde y cubra la masa con un paño limpio. Deje enfriar.

Ponga la crema de castañas y el azúcar lustre en un robot de cocina y mezcle hasta que quede homogéneo (o mézclelo bien a mano). Ponga la mezcla en un bol y añada el brandy. Vaya incorporando la nata hasta que quede una consistencia ligera y esponjosa. Unte la masa con el relleno, deje 1 cm de borde y enróllelo partiendo desde uno de los lados cortos. Sirva espolvoreado con azúcar lustre tamizado.

Para preparar un brazo de gitano Selva Negra, haga y cueza la masa tal como se indica en la receta. Monte la nata doble y después incorpore 2 cucharadas de azúcar lustre y 2 cucharadas de kirsch, si lo desea. Unte la masa con la mezcla y después ponga una lata de 425 g de cerezas sin hueso, bien escurridas, por encima. Enrolle el brazo de gitano y espolvoree con azúcar lustre.

flan de chocolate y *amaretti*

4 raciones
tiempo de preparación
   20 minutos, más tiempo
   de refrigerado
tiempo de cocción
   55-65 minutos

175 g de **azúcar de grano fino**
125 ml de **agua fría**
2 cucharadas de **cacao en polvo**
2 cucharadas de **agua hirviendo**
2 **huevos**
2 **yemas de huevo**
65 g de **galletas** *amaretti*,
   trituradas
450 ml de **leche**
150 ml de **café solo fuerte**

para la **decoración**
virutas de chocolate o migas
   de **galletas** *amaretti*

Disuelva 125 g de azúcar en el agua en una cacerola
con fuego suave. Cuando se haya disuelto, suba el fuego
y hierva durante 5 minutos sin remover hasta que se vuelva
marrón dorado.

Mezcle el cacao en un bol con 2 cucharadas de agua hirviendo, y
aparte, el azúcar con los huevos, las yemas de huevo y las galletas.

Saque el azúcar del fuego tan pronto como se caramelice.
Añada el agua hirviendo y mezcle. Vierta el caramelo en un
molde de porcelana apto para el horno de 900 ml de modo
que cubra la base y la mitad de la altura de las paredes.
Déjelo en una bandeja de horno.

Vierta la leche en la cacerola del caramelo vacía y lleve
a ebullición. Añada la mezcla de cacao a la mezcla de huevo
e incorpore la leche caliente y el café. Vierta la mezcla en el
molde cubierto de caramelo.

Llene la bandeja de horno con agua hasta la mitad de las paredes
del molde y cueza al baño María en un horno precalentado a
160 °C durante 50-60 minutos hasta que el flan haya cuajado.

Saque el molde del agua, deje enfriar y póngalo en la nevera
durante 4-5 horas o toda la noche. Para sacar el flan del molde,
sujételo sobre agua recién hervida durante 10 segundos
y después dele la vuelta sobre un plato hondo. Decore
con virutas de chocolate o migas de galleta.

Para preparar flan normal, haga el caramelo, mezcle
2 huevos enteros y 2 yemas de huevo con 2 cucharadas de
azúcar y ½ cucharadita de esencia de vainilla. Caliente 600 ml
de leche, añada los huevos y después reparta la mezcla en
4 moldes metálicos de 250 ml. Cueza al baño María, 30 minutos.

brazo de gitano de avellana y pera

6-8 raciones
tiempo de preparación
30 minutos, más tiempo
de enfriado
tiempo de cocción
18-20 minutos.

125 g de **avellanas**
5 **huevos**, con yemas
y claras separadas
175 g de **azúcar de grano fino**,
y un poco más para
espolvorear
1 **pera** al punto, pelada y rallada
gruesa
200 g de **queso mascarpone**
2 cucharadas de **azúcar lustre**
250 g de **albaricoques frescos**,
troceados

Unte con mantequilla y forre una bandeja de horno de 30 x 23 cm
con papel sulfurizado, haciendo pequeños cortes en diagonal
en las esquinas para que cubra la base y las paredes. Ponga
las avellanas sobre un trozo de papel de aluminio y tuéstelas
bajo el gratinador del horno durante 3-4 minutos. Trocee
gruesamente la cantidad equivalente a 2 cucharadas,
reserve para la decoración y trocee el resto.

Bata las yemas y el azúcar hasta que quede una consistencia
densa y cremosa y hasta que el batidor, al levantarlo, deje
un trastro cremoso. Incorpore las avellanas troceadas y la
pera. Monte las claras a punto de nieve e incorpore una gran
cucharada a la mezcla de avellanas para hacerla más ligera
y después vaya incorporando el resto de las claras.

Vierta la mezcla en el molde. Cueza en un horno precalentado
a 180 °C durante 15 minutos hasta que se torne marrón
dorado y la parte superior esté esponjosa. Cubra y deje enfriar
durante 1 hora.

Mezcle el queso mascarpone y el azúcar lustre. Sobre
una superficie de trabajo, cubra un paño húmedo con papel
sulfurizado espolvoreado con azúcar. Ponga la masa sobre el
papel y retire el molde y el papel con el que había forrado el molde.

Unte la masa con la mezcla de mascarpone y ponga por encima
los albaricoques. Enrolle el brazo de gitano, empezando por la
parte más corta, usando el papel y el paño de ayuda. Póngalo en
un plato, eche por encima las avellanas y corte en trozos gruesos.

Para preparar brazo de gitano de avellana, pera y chocolate,
caliente 150 g de crema de cacao y avellanas en el
microondas durante 20 segundos y unte la masa con
ella. Monte 250 ml de nata, póngala por encima y enrolle.

crema de grosella espinosa con galletas de limón

6 raciones
tiempo de preparación
30 minutos, más tiempo
de enfriado
tiempo de cocción
20-25 minutos

500 g de **grosellas espinosas**, limpias
75 g de **azúcar de grano fino**
2 cucharadas de **licor de saúco concentrado**
2 cucharadas de **agua**
150 ml de **nata doble**
135 g de **natillas** preparadas

para las **galletas de limón**
50 g de **mantequilla sin sal**
50 g de **azúcar de grano fino**
50 g de **melaza** o «**miel**» **de caña de azúcar**
cáscara rallada de 1 **limón**, y 1 cucharada de su zumo
125 g de **harina común**
½ cucharadita de **bicarbonato sódico**
azúcar lustre, para espolvorear

Cueza las grosellas espinosas con el azúcar, el licor y el agua en una cacerola tapada durante 10 minutos. Triture las grosellas y el jugo en una licuadora o un robot de cocina hasta que quede homogéneo o páselo por un colador. Deje enfriar.

Monte la nata y después añada las natillas y el puré de grosellas espinosas. Reparta la mezcla entre vasos pequeños y póngalos en la nevera.

Cueza la mantequilla, el azúcar, la melaza, la cáscara y el zumo de limón para las galletas en una cacerola pequeña hasta que la mantequilla se haya derretido y el azúcar se haya disuelto. Añada la harina y el bicarbonato sódico y mezcle hasta que quede homogéneo.

Haga montoncitos con la mezcla en 2 bandejas de horno untadas con mantequilla, bien espaciados, y cueza en un horno precalentado a 180 °C durante 10-12 minutos hasta que empiecen a dorarse por los bordes. Deje enfriar 10 minutos, desenganche las galletas de la bandeja y póngalas sobre una rejilla. Espolvoree con azúcar lustre tamizado y sirva con la crema.

Para preparar crema de nectarina y naranja, trocee la pulpa de 4 nectarinas maduras y cuézalas en una cacerola tapada con el azúcar y 4 cucharadas de zumo de naranja recién exprimido (sin agua ni licor) durante 10 minutos hasta que queden tiernas. Tritúrelas y termine tal como se indica en la receta. Añada la cáscara rallada de ½ naranja y 1 cucharada de su zumo a las galletas en lugar del limón.

suflé de fresa y lavanda

6 raciones

tiempo de preparación
40 minutos, más tiempo
de refrigerado

tiempo de cocción
13-14 minutos

500 g de **fresas frescas**,
sin rabito

4 cucharadas de **agua**

4 cucharaditas de **gelatina
en polvo**

4 **huevos**, con yemas y claras
separadas

150 g de **azúcar de grano fino**

4-5 **ramitos de lavanda**,
con los pétalos desmenuzados
y sin tallos

250 ml de **nata doble**

unas cuantas gotas de **colorante
alimentario rosa** o **rojo**
(opcional)

un ramillete de **lavanda**,
para decorar

Envuelva con papel encerado 6 moldes individuales de 7,5 cm de diámetro por 4 cm de profundidad de modo que el papel sobresalga 4 cm por encima del borde y sujételo con un cordel. Corte 6 fresas y repártalas entre los moldes. Triture las fresas dejando tropezones.

Vierta el agua en un bol refractario y añada la gelatina. Deje reposar 5 minutos y ponga el bol al baño María durante 3-4 minutos, removiendo de vez en cuando, hasta que la gelatina se disuelva.

Ponga las yemas de huevo, el azúcar y los pétalos de lavanda en un bol refractario grande y póngalo sobre una cacerola con agua hirviendo de modo que la base del bol no toque el agua. Mezcle con una batidora manual eléctrica (o un batidor de mano o de manivela) durante 10 minutos o hasta que los huevos tengan una consistencia densa y cremosa y hasta que el batidor, al levantarlo, deje un rastro cremoso. Saque el bol del fuego y siga batiendo hasta que la mezcla esté fría.

Vaya incorporando gradualmente la gelatina disuelta y poco a poco y después incorpore el puré de fresas.

Monte la nata y añádala a la mezcla del suflé con el colorante, si lo desea. Ponga en la nevera si la mezcla está poco sólida.

Monte las claras a punto de nieve e incorpore una gran cucharada de éstas a la mezcla del suflé para que no esté tan sólida y con cuidado vaya añadiendo el resto. Vierta la mezcla en los moldes de modo que sobresalga del borde. Deje en la nevera durante 4 horas o hasta que esté consistente.

Haga un corte vertical en el papel encerado, ábralo hacia ambos lados y coloque unas ramitas bajo el cordel para servir.

pavlova con nata a la naranja

6 raciones

tiempo de preparación
25 minutos, más tiempo
de enfriado

tiempo de cocción
**1 hora y 15 minutos-
1 hora y 30 minutos**

100 g de **chocolate sin leche**,
troceado, y un poco más,
rallado, para decorar

3 **claras de huevo**

175 g de **azúcar de grano fino**

1 cucharadita de **harina fina
de maíz**

1 cucharadita de **vinagre
de vino blanco**

½ cucharadita de **esencia
de vainilla**

250 ml de **nata doble**

2 **naranjas**

Derrita el chocolate (*véase* pág. 11) y después deje enfriar 10 minutos. Monte las claras a punto de nieve. Vaya incorporando gradualmente el azúcar y siga batiendo hasta que el merengue tenga una consistencia densa y brillante (*véase* pág. 10).

Mezcle la harina fina de maíz con el vinagre y la esencia de vainilla y después incorpore la mezcla al merengue. Añada el chocolate derretido y mezcle un poco hasta obtener un efecto marmolado. Ponga 6 montoncitos de merengue sobre una bandeja de horno grande forrada con papel sulfurizado y después haga remolinos con la parte trasera de una cuchara de modo que quede un hueco en el centro.

Cueza en un horno precalentado a 110 °C durante 1 hora y 15 minutos o 1 hora y 30 minutos o hasta que las pavlovas se desenganchen fácilmente del papel. Deje enfriar.

Monte la nata cuando esté a punto de servir el postre. Ralle la cáscara de 1 naranja e incorpórela a la nata. Corte la parte superior e inferior de cada naranja y después pélelas. Separe los gajos, añada el zumo que pueda haber caído a la nata y después ponga esta mezcla sobre las pavlovas. Ponga los gajos de naranja sobre la nata y ralle un poco de chocolate sin leche por encima.

Para preparar pavlovas con fresas y lichis, haga el merengue tal como se indica en la receta pero omita el chocolate y cueza sólo durante 50-60 minutos. Rellene las pavlovas con 250 ml de nata doble montada con la cáscara rallada de 1 lima y 2 cucharadas de azúcar lustre. Termine con una lata de 425 g de lichis sin hueso, escurridos y cortados a cuartos, y 250 g de fresas troceadas.

crema quemada con vainilla

6 raciones
tiempo de preparación
   20 minutos, más tiempo
   de reposado y refrigerado
tiempo de cocción
   25-30 minutos

1 **vaina de vainilla**
600 ml de **nata doble**
8 **yemas de huevo**
65 g de **azúcar de grano fino**
3 cucharadas de **azúcar lustre**

Corte la vaina de vainilla de arriba abajo y póngala en una cacerola. Vierta la nata y lleve casi al punto de ebullición. Saque del fuego y deje reposar 15 minutos. Saque la vaina y, sujetándola contra la pared de la cacerola, raspe las semillas negras de modo que éstas caigan dentro de la nata. Deseche la vaina.

Use un tenedor para batir las yemas de huevo con el azúcar de grano fino en un bol. Vuelva a calentar la nata y vaya incorporándola gradualmente a la mezcla de huevo. Cuele la mezcla y vuelva a ponerla en la cacerola.

Ponga 6 moldes individuales en una bandeja de horno y después reparta la crema entre ellos. Vierta agua caliente en la bandeja de modo que cubra la mitad de los moldes y cueza al baño María en un horno precalentado a 180 °C durante 20-25 minutos hasta que la crema haya cuajado pero esté tierna en el centro.

Deje enfriar los moldes en el agua, sáquelos de la bandeja y póngalos en la nevera 3-4 horas. Unos 25 minutos antes de servir, espolvoree con azúcar lustre y caramelice con un soplete (o debajo del gratinador del horno) y deje a temperatura ambiente.

Para preparar crema quemada con amaretto, omita la vaina de vainilla. Mezcle las yemas de huevo y el azúcar tal como se indica en la receta, lleve la nata casi a la ebullición e inmediatamente añádala a la mezcla de huevos y azúcar con 125 ml de licor Amarettto di Saronno. Cuele y siga como antes. Cuando estén frías, espolvoree con 6 cucharaditas de almendras en láminas. Después eche el azúcar y caramelice como antes.

tarta de queso con arándanos y cerezas

6 raciones
tiempo de preparación
  30 minutos, más tiempo
  de refrigerado
tiempo de cocción **5 minutos**

75 g de **mantequilla sin sal**
2 cucharadas de **melaza**
  o **«miel» de caña de azúcar**
175 g de **galletas** *digestive*,
  trituradas
tarrina de 300 g de **queso tierno**
200 g de **queso fresco**
  desnatado
50 g de **azúcar de grano fino**
cáscara rallada y zumo
  de 1 **limón**
½ cucharadita de **esencia**
  de vainilla
150 ml de **nata doble**

para la **guarnición**
150 g de **arándanos**
  congelados
150 g de **cerezas sin hueso**
  congeladas
4 cucharadas de **agua**
2 cucharadas de **azúcar**
  de grano fino
2 cucharadas de **harina fina**
  de maíz

Derrita la mantequilla en una cacerola con la melaza y después añada las migas de galleta y mezcle bien. Vierta la mezcla en un molde desmontable de 20 cm untado con mantequilla y, con la parte trasera de una cuchara, cubra bien la base y dos terceras partes de las paredes. Ponga en la nevera.

Ponga el queso tierno en un bol y deshágalo con una cuchara. Añada el queso fresco, el azúcar, la cáscara de limón y la esencia de vainilla y vaya incorporando gradualmente el zumo de limón hasta que quede homogéneo.

Monte la nata e incorpórela a la mezcla de queso. Vierta la mezcla en la base de galleta y espárzala bien. Ponga en la nevera 4-5 horas hasta que quede sólida.

Cueza las frutas congeladas en una cacerola con el agua y el azúcar hasta que se hayan descongelado. Mezcle la harina fina de maíz con un poco más de agua, añádala a la cacerola y cueza durante 1 minuto hasta que la salsa haya espesado. Deje enfriar.

Desenganche el borde de la base de galleta cuando esté a punto de servir, quite el lateral del molde, levante la base y ponga la tarta de queso en un plato de servir. Corte en trozos y sirva con la compota de fruta por encima.

Para preparar tarta de queso con lima, kiwi y uvas, añada la cáscara rallada y el zumo de 2 limas a la mezcla de queso en lugar del limón. Vierta la mezcla en el molde tal como se indica en la receta y después ponga 2 kiwis cortados en rodajas y 150 g de uvas verdes y rojas sin pepitas cortadas por la mitad por encima mientras el relleno aún está tierno. Ponga en la nevera hasta que haya cuajado, desmolde y sírvala en trozos.

crema quemada con frambuesas al cava

6 raciones

tiempo de preparación
20 minutos, más tiempo
de enfriado

tiempo de cocción **25 minutos**

250 g de **frambuesas frescas**,
y un poco más, espolvoreadas
con azúcar lustre, para decorar
(opcional)

6 **yemas de huevo**

150 g de **azúcar de grano fino**

125 ml de **cava brut**

125 ml de **nata doble**

3 cucharadas de **azúcar lustre**

Reparta las frambuesas entre 6 moldes individuales. Ponga las yemas de huevo y el azúcar en un bol grande sobre una cacerola con agua hirviendo de modo que la base del bol no toque el agua. Bata las yemas de huevo y el azúcar hasta obtener una consistencia ligera y espumosa y vaya incorporando gradualmente el cava y después la nata. Siga batiendo durante 20 minutos hasta que la crema sea densa y esté llena de aire.

Vierta la crema por encima de las frambuesas y deje enfriar a temperatura ambiente durante 1 hora. Espolvoree con azúcar lustre y caramelice con un soplete (o debajo del gratinador del horno). Sirva a los 20-30 minutos, decorado con unas cuantas frambuesas más espolvoreadas con un poco de azúcar lustre.

Para preparar crema quemada con melocotón a la sidra, reparta la pulpa cortada a dados de 2 melocotones maduros entre 6 moldes individuales. Bata las yemas de huevo y el azúcar tal como se indica en la receta y gradualmente vaya incorporando 125 ml de sidra semiseca en lugar del cava. Siga como antes.

crema de piña y jengibre

4-5 raciones
tiempo de preparación
20 minutos

200 g de **pastel de jengibre**,
cortado a dados
½ **piña fresca**, cortada a rodajas,
sin corazón, pelada y cortada
a dados
cáscara rallada y gajos
de 1 **naranja**
2 **kiwis**, pelados, cortados
por la mitad y luego a rodajas
3 cucharadas de **ron**
425 g de **natillas** preparadas
300 ml de **nata doble**
cáscara rallada de 1 **lima**

Ponga los dados de pastel de jengibre en una capa uniforme en la base de un recipiente de cristal de 1,2 l. Ponga la piña, los gajos de naranja y los kiwis encima y báñelo todo con el ron. Vierta las natillas por encima de manera uniforme.

Monte la nata en un bol e incorpore la mitad de la cáscara de naranja y la mitad de la cáscara de lima. Ponga la nata sobre las natillas y después espolvoree con el resto de las cáscaras ralladas de fruta. Ponga en la nevera hasta que vaya a servir.

Para preparar crema de frambuesa y melocotón, corte a dados 4 trozos de bizcocho y póngalos en la base de un recipiente de cristal en lugar del pastel de jengibre. Añada 150 g de frambuesas frescas y la pulpa cortada a dados de 2 melocotones maduros. Rocíe con 3 cucharadas de jerez seco y después cúbralo todo con las natillas tal como se indica en la receta. Monte la nata y sazónela con la cáscara rallada de 1 limón, póngala sobre las natillas y espolvoree con 2 cucharadas de almendras tostadas en láminas.

tarta de queso florentina con vainilla

8-10 raciones

tiempo de preparación
25 minutos, más tiempo
de refrigerado

tiempo de cocción **45 minutos**

125 g de **chocolate sin leche**
50 g de **almendras en fideos**,
ligeramente tostadas
2 ½ cucharadas de **cáscara**
de cítricos confitados,
picada muy fina
6 **cerezas confitadas**, picadas
muy finas
175 g de **galletas** *digestive*,
trituradas
65 g de **mantequilla sin sal**,
derretida
480 g de **queso cremoso**
1 cucharadita de **esencia**
de vainilla
150 ml de **nata doble**
150 g de **yogur griego**
125 g de **azúcar de grano fino**
3 **huevos**

Unte con mantequilla un molde para pasteles con base extraíble de 20 cm y forre las paredes con una tira de papel sulfurizado. Trocee la mitad del chocolate. Triture ligeramente las almendras y mézclelas en un bol con el chocolate, la fruta confitada, las migas de galleta y la mantequilla. Mezcle bien los ingredientes y después ponga la mezcla en el molde y espárzala de modo que cubra bien la base y buena parte de las paredes.

Mezcle el queso cremoso y la esencia de vainilla en un bol hasta que quede una mezcla cremosa. Añada la nata, el yogur, el azúcar y los huevos hasta obtener una consistencia cremosa.

Vierta la mezcla de huevo sobre la base de galleta y cueza en un horno precalentado a 160 °C durante 45 minutos o hasta que la superficie esté sólida en los bordes pero tierna en el centro. Apague el horno pero deje enfriar la tarta dentro. Después póngala en la nevera y deje enfriar bien.

Ponga la tarta en un plato de servir y retire el papel con el que había forrado las paredes del molde. Derrita el chocolate restante (*véase* pág. 11) y échelo por encima del borde de la tarta. Vuelva a enfriar en la nevera hasta que vaya a servir.

Para preparar tarta de queso americana con cereza, haga una base de galleta normal calentando 75 g de mantequilla junto con 2 cucharadas de melaza o «miel» de caña de azúcar en una cacerola hasta que la mantequilla se haya derretido. Añada 175 g de galletas *digestive* trituradas y use la mezcla para forrar el molde tal como se indica en la receta. Haga el relleno y cueza como antes. Sirva con una lata de 425 g de relleno para tartas de cereza esparcida por encima.

panna cotta con romero

6 raciones
tiempo de preparación
15 minutos, más tiempo
de remojado y de refrigerado
tiempo de cocción **15 minutos**

3 cucharadas de **agua fría**
1 sobre o 3 cucharaditas
de **gelatina en polvo**
450 ml de **nata doble**
150 ml de **leche**
4 cucharadas de **miel densa**
2 cucharaditas de **hojas
de romero** picadas muy finas

para la **compota de albaricoque**
200 g de **orejones**, troceados
300 ml de **agua**
1 cucharada de **miel cristalizada**
2 cucharaditas de **hojas
de romero** picadas muy finas

para la **decoración**
pequeños **ramitos de romero**
azúcar de grano fino,
para espolvorear

Ponga la medida de agua en un pequeño bol refractario.
Eche la gelatina dentro y mueva el bol de un lado para el otro
para que se absorba por completo. Deje en remojo 5 minutos.

Vierta la nata y la leche en una cacerola, añada la miel y lleve
a ebullición. Añada la gelatina, saque la cacerola del fuego
y remueva hasta que se haya disuelto por completo. Añada
el romero y deje en infusión durante 20 minutos, removiendo
de vez en cuando. Reparta la mezcla de nata entre 6 moldes
metálicos de 150 ml; antes puede colarlo si lo prefiere. Deje
enfriar por completo y después ponga en la nevera 4-5 horas
hasta que haya cuajado.

Ponga todos los ingredientes para la compota en una cacerola,
tape y hierva a fuego lento durante 10 minutos. Después deje
enfriar.

Sumerja los moldes en agua caliente durante 10 minutos,
desenganche los bordes y dé la vuelta a los moldes sobre
platos pequeños de servir y ponga un poco de compota
a su alrededor. Espolvoree los ramitos de romero con un poco
de azúcar de grano fino y úselos para decorar las *panna cottas*.

Para preparar *panna cotta* con vainilla, haga la *panna
cotta* tal como se indica en la receta pero sin el romero y
con las semillas de 1 vaina de vainilla partida y la vaina misma
mientras la mezcla de nata se enfría. Retire la vaina antes
de verter la mezcla en los moldes y siga como antes.
Dé la vuelta a los moldes y sirva con frambuesas frescas.

crema de pomelo

4 raciones
tiempo de preparación
15 minutos

2 pomelos
5 cucharadas de **azúcar moreno
oscuro**, y un poco más para
espolvorear
250 ml de **nata doble**
150 g de **yogur griego**
3 cucharadas de **licor de saúco
concentrado**
½ cucharadita de **jengibre
molido**
½ cucharadita de **canela molida
barquillos**, para acompañar
(opcional)

Ralle finamente la cáscara de 1 pomelo y asegúrese de no incluir
la amarga parte blanca. Pele, quite la parte blanca y la membrana
que separa los gajos de los dos pomelos. Ponga los gajos
en un plato grande, espolvoree con 2 cucharadas del azúcar
y reserve.

Monte la nata en un bol grande. Incorpore el yogur, el licor
de saúco, las especias, la cáscara de pomelo y el resto del
azúcar hasta que quede homogéneo.

Vierta la mezcla en vasos bonitos y la fruta en capas alternas.
Espolvoree con un poco más de azúcar, acompañe con barquillos,
si lo desea, y sirva inmediatamente.

Para preparar crema de naranja especiada, ralle
finamente la cáscara de 2 naranjas grandes y después
pélelas y quíteles la parte blanca y la membrana que separa
los gajos. Espolvoree los gajos con 2 cucharadas del azúcar
y reserve. Monte la nata y añada todos los ingredientes
de antes, pero sustituya la cáscara de pomelo por la de naranja.

tulipas con crema de fresas

6 raciones
tiempo de preparación
40 minutos
tiempo de cocción
15-18 minutos

2 **claras de huevo**
100 g de **azúcar de grano fino**
50 g de **mantequilla sin sal**,
  derretida
unas cuantas gotas de **esencia
  de vainilla**
50 g de **harina común**

para la **crema de fresas**
250 ml de **nata doble**
4 cucharadas de **azúcar lustre**,
  y un poco más para espolvorear
2 cucharadas de **menta fresca**
  picada, y unas hojas más
  para decorar
250 g de **fresas**, cortadas por
  la mitad o troceadas, según
  su tamaño

Ponga las claras de huevo en un bol y bata un poco con
el tenedor para romper sus fibras. Añada el azúcar lustre
y después la mantequilla y la esencia de vainilla. Incorpore
la harina tamizada y mezcle hasta que quede homogéneo.

Ponga 1 cucharada colmada de la mezcla sobre una bandeja
de horno forrada con papel sulfurizado. Ponga otra cucharada
bien separada de la primera y después espárzalas hasta
obtener un fino círculo de unos 13 cm de diámetro. Cueza
en un horno precalentado a 190 °C durante 5-6 minutos
hasta que empiecen a dorarse los bordes.

Ponga 2 cucharadas más de la mezcla en otra bandeja de horno
forrada con papel sulfurizado y espárzalas hasta obtener un círculo
fino. Saque las tulipas cocidas del horno y ponga la segunda
bandeja. No manipule los círculos cocidos durante 5-10 segundos
y después, con cuidado, desengánchelos del papel y ponga
cada uno sobre una naranja. Pellizque los bordes de modo
que queden pliegues y deje que se endurezca durante
2-3 minutos. Después separe las tulipas de las naranjas
con cuidado. Repita la operación hasta que tenga 6 tulipas.

Monte la nata y después incorpore la mitad del azúcar,
la menta y las fresas; reserve 6 mitades de fresa para decorar.
Vierta la mezcla en las tulipas y decore con las hojas de menta
y las mitades de fresa. Espolvoree con azúcar lustre tamizado.

Para preparar tulipas con ensalada de frutas, haga las tulipas
tal como se indica en la receta y rellénelas con 200 g de fresas
troceadas, 150 g de uvas rojas sin pepitas y cortadas por
la mitad, 2 kiwis, pelados, cortados por la mitad y después
a rodajas y 2 melocotones pequeños maduros. Termine
con un poco de yogur griego por encima y un chorrito de miel.

vacherin de chocolate y melocotón

6-8 raciones
tiempo de preparación
30 minutos, más tiempo
de enfriado
tiempo de cocción
**1 hora y 15 minutos-
1 hora y 45 minutos**

4 **claras de huevo**
125 g de **azúcar de grano fino**
100 g de **azúcar mascabado
claro**
150 g de **chocolate sin leche**,
troceado

para el **relleno**
150 ml de **nata doble**
150 g de **yogur griego**
2 cucharadas de **azúcar
de grano fino**
3 **melocotones** maduros,
sin hueso y troceados

Forre 2 bandejas de horno con papel sulfurizado y dibuje
un círculo de 18 cm en cada uno.

Monte las claras a punto de nieve en un bol grande. Mezcle
los azúcares y después incorpórelos a las claras, una cucharada
tras otra, y siga batiendo durante 1-2 minutos hasta obtener
una consistencia densa y brillante (*véase* pág. 10).

Reparta la mezcla entre las dos bandejas de horno forradas
y espárzala de modo que rellene el círculo dibujado en una capa
uniforme. Cueza en un horno precalentado a 110 °C durante
1 hora y 30 minutos o 1 hora y 45 minutos o hasta que los
merengues se puedan desenganchar fácilmente del papel.
Deje enfriar dentro el horno apagado.

Derrita el chocolate (*véase* pág. 11) y después unte la parte
inferior de cada merengue con él, dejando una tercera parte del
chocolate en el bol para decorar. Deje que los merengues se
endurezcan, con la capa de chocolate hacia arriba.

Monte la nata cuando vaya a servir e incorpore el yogur
y el azúcar. Ponga uno de los círculos de merengue en un plato
de servir, con el chocolate hacia arriba, úntelo con la crema
y después ponga trozos de melocotón. Tape con el segundo
merengue, con el chocolate hacia abajo. Decore la parte
superior con el resto del chocolate derretido, dejando
que caiga en chorritos.

Para preparar *vacherin* de chocolate y castaña, haga los
merengues tal como se indica en la receta. Unte con chocolate
y deje endurecer. Monte 150 ml de nata doble, incorpore
una lata de 210 g de crema de castañas azucarada y 150 g
de queso fresco y use esta mezcla para rellenar los merengues.

brazo de gitano de merengue con albaricoque

8 raciones

tiempo de preparación
35 minutos, más tiempo
de enfriado

tiempo de cocción **25 minutos**

4 **claras de huevo**
250 g de **azúcar de grano fino**,
y un poco más para espolvorear
1 cucharadita de **harina fina
de maíz**
1 cucharadita de **vinagre
de vino blanco**
200 g de **orejones**
300 ml de **agua**
150 ml de **nata doble**
150 g de **queso fresco**

Monte las claras a punto de nieve. Vaya incorporando el azúcar y después bata unos minutos más hasta que la mezcla tenga una consistencia densa y brillante (*véase* pág. 10).

Mezcle la harina fina de maíz con el vinagre hasta que quede homogéneo. Incorpore la mezcla al merengue.

Vierta uniformemente en una bandeja de horno de 33 x 23 cm forrada con papel sulfurizado, haciendo pequeños cortes en diagonal en las esquinas para que cubra la base y las paredes y sobresalga un poco por los laterales. Cueza en un horno precalentado a 190 °C durante 10 minutos hasta que adquiera color de bizcocho y la masa haya subido. Baje la temperatura del horno a 160 °C durante 5 minutos hasta que la masa esté consistente y la capa superior esté un poco agrietada.

Cubra un paño limpio con papel sulfurizado y espolvoree con un poco de azúcar. Dé la vuelta a la bandeja de modo que el merengue caliente quede encima del papel, retire la bandeja y deje enfriar 1-2 horas. Mientras, hierva a fuego lento los orejones con el agua hasta que estén tiernos. Deje enfriar y triture.

Saque el papel con el que había forrado el molde cuando vaya a servir y unte el merengue con la mermelada de albaricoque. Monte la nata, incorpore el queso fresco y la mezcla.

Enrolle el merengue a modo de brazo de gitano, empezado desde el lateral más corto y usando el papel de ayuda. Ponga el brazo de gitano en un plato y corte en trozos para servir.

Para preparar brazo de gitano de merengue con kiwi y fruta de la pasión, haga el merengue. Rellene con 300 ml de nata doble montada y esparza por encima 3 kiwis cortados en trozos y las semillas de 3 frutas de la pasión.

para refrescarse

tarta crujiente de lima y fruta de la pasión

6-8 raciones

tiempo de preparación
30 minutos, más tiempo
de enfriado y congelado

100 g de **mantequilla sin sal**
2 cucharadas de **melaza**
o **«miel» de caña de azúcar**
250 g de **galletas** *digestive*,
triituradas
300 ml de **nata doble**
cáscara rallada y zumo
de 3 **limas**
lata de 400 g de **leche**
condensada

para la **decoración**
3 **frutas de la pasión**,
cortadas por la mitad
150 g de **arándanos**

Caliente la mantequilla y la melaza en una cacerola, añada las migas de galletas y mezcle bien. Viértalo en un molde desmontable para tartas de 23 cm untado con mantequilla y forme una base uniforme con la punta de un rodillo. Ponga en la nevera mientras hace el relleno.

Monte la nata en un bol grande. Añada la cáscara de lima y la leche condensada y mezcle con cuidado hasta que quede homogéneo y después vaya incorporando gradualmente el zumo de lima. Vierta sobre la base de galletas y ponga en el congelador durante 4 horas o toda la noche.

Desenganche el borde de la tarta con una espátula pastelera, retire los laterales y después, deslizando la tarta sobre un plato de servir, retire la base. Eche las semillas de las frutas de la pasión por encima y después los arándanos. Deje reposar 30 minutos antes de cortar la tarta para servir.

Para preparar tarta crujiente de naranja y chocolate, haga la base de galleta con galletas *digestive* de chocolate. Omita la cáscara y el zumo de lima de la mezcla de nata y añada la cáscara y el zumo de 1 naranja grande en su lugar. Ponga en el congelador hasta que quede sólido y después decore con 50 g de chocolate sin leche, derretido (*véase* pág. 11) por encima. Vuelva a poner el postre en el congelador hasta el momento de servir.

semifrío de pistacho y yogur

6 raciones
tiempo de preparación
40 minutos, más tiempo
de enfriado y congelado
tiempo de cocción
10-15 minutos

4 huevos
175 g de **azúcar de grano fino**
cáscara rallada de 1 **limón**
1 ½ cucharaditas de **agua
de rosas** (opcional)
200 g de **yogur griego**
½ **piña fresca**, cortada
en rodajas, después
por la mitad y sin corazón

Pistachos caramelizados
150 g de **azúcar granulado**
6 cucharadas de **agua**
100 g de **pistachos sin cáscara**,
un poco triturados

Para preparar los pistachos caramelizados, ponga el azúcar y la medida de agua en una sartén hasta que el azúcar se disuelva. Añada los pistachos y suba el fuego. Hierva el caramelo durante 5 minutos, sin dejar de remover, hasta que se torne dorado. Vierta la mezcla en una bandeja de horno untada con mantequilla y deje enfriar. Parta la lámina de caramelo en dos mitades. Triture una de las láminas con un rodillo.

Monte las claras a punto de nieve e incorpore el azúcar hasta obtener una consistencia densa y brillante. Mezcle las yemas de huevo en otro bol con el azúcar restante hasta que quede una mezcla muy densa y clara. Incorpore la cáscara de limón y el agua de rosas, si lo desea, y el yogur y los pistachos caramelizados triturados. Por último, incorpore las claras montadas. Vierta la mezcla en un recipiente de plástico y póngala en el congelador durante 4-5 horas hasta que esté lo bastante sólido como para hacer bolas con ella.

Pase los trozos de piña por la parrilla o por una plancha durante 6-8 minutos, dándole una o dos vueltas hasta que estén dorados. Reparta los trozos entre los platos de servir, acompañe con bolas de semifrío y decore con el caramelo con pistacho restante.

Para preparar helado con crujiente de frutos secos, haga el caramelo con almendras, avellanas y nueces pacanas en lugar de los pistachos. Monte las claras a punto de nieve y después mezcle los huevos y el azúcar, tal como indica la receta del semifrío. Incorpore 125 g de natillas preparadas y 150 ml de nata doble montada a las yemas con los frutos secos caramelizados triturados. Incorpore las claras como antes y meta en el congelador. Sirva en bolas en vasos con galletas de barquillo.

helado de cereza y almendras

6 raciones
tiempo de preparación
  20 minutos, más tiempo
  de enfriado y congelado
tiempo de cocción **20 minutos**

150 ml de **leche**
50 g de **almendras molidas**
1 **huevo**
1 **yema de huevo**
75 g de **azúcar de grano fino**
2-3 gotas de **esencia**
  de almendras
500 g de **cerezas rojas**,
  sin hueso, o **compota**
  de cereza
25 g de **almendras en fideos**
150 ml de **nata doble**

Vierta la leche en una cacerola pequeña y añada las almendras molidas. Lleve a ebullición y reserve.

Ponga el huevo y la yema de huevo en un bol refractario con azúcar y bata hasta obtener una mezcla clara y densa. Vierta la mezcla de huevo en la leche con almendras. Coloque el bol sobre una cacerola con agua hirviendo a fuego lento y remueva hasta obtener una consistencia densa. Añada la esencia de almendras y deje enfriar.

Triture las cerezas en un robot de cocina o en una batidora (o use compota de cerezas) y después añada la crema de almendras.

Eche las almendras en fideos en una cacerola con un fuego suave para tostarlas. Deje enfriar.

Monte la nata e incorpórela a la mezcla de cerezas.

Ponga la mezcla en un recipiente apto para el congelador, tape y congele hasta que esté sólida, batiendo dos veces cada hora. Incorpore las almendras en fideos a la mezcla la última vez que la bata. (Si usa una heladera, vierta la mezcla de cerezas en la máquina, añada la nata, bata y congele. Una vez congelada, incorpore las almendras en fideos.) Sirva el helado en vasos individuales.

Para preparar helado de fresa y coco, ponga en remojo 50 g de coco deshidratado con 150 ml de leche caliente. Mezcle el huevo y la yema de huevo con el azúcar y haga la crema tal como indica la receta, pero omita la esencia de almendras. Cuando esté fría, incorpore 500 g de fresas trituradas y 150 ml de nata doble montada. Congele como antes. Sirva con unas cuantas fresas más.

pastel helado de albaricoque al jengibre

6 raciones
tiempo de preparación
25 minutos, más tiempo
de enfriado y congelado
tiempo de cocción **10 minutos**

250 g de **orejones**
300 ml de **agua**
250 ml de **nata doble**
200 g de **queso fresco**
40 g de **azúcar de grano fino**
75 g o 4 trozos de **tallo
de jengibre** confitado,
escurridos y picados,
y 2 cucharadas más
de jarabe del tarro
40 g de **merengues pequeños
preparados**

Ponga los orejones y la medida de agua en una cacerola, tape
y hierva a fuego lento durante 10 minutos. Triture los orejones
con el líquido de cocción en un robot de cocina o en una licuadora
hasta que quede homogéneo o frótelo contra un colador.
Deje enfriar.

Monte la nata en un bol. Con cuidado, incorpore el queso
fresco, el azúcar de grano fino, el jengibre picado y el jarabe
de jengibre. Desmenuce los merengues e incorpórelos a la nata.

Forre 1 molde para pan de molde de 1 kg con dos láminas de
film transparente, una en horizontal y la otra en vertical, de modo
que sobresalgan por los cuatro bordes del molde. Ponga capas
alternas de nata y puré de albaricoque. Pase el mango de una
cucharilla por la mezcla para crear un efecto marmolado. Después
doble el film transparente hacia dentro para tapar la parte
superior. Congele durante 6 horas o toda la noche hasta
que quede sólido y saque el helado del molde. Retire el film
transparente. Corte en trozos gruesos y sirva.

Para preparar pastel helado de piña y limón, sazone
la mezcla de nata con la cáscara rallada de 2 limones
y una lata de 220 g de piña, escurrida y troceada en lugar
del jengibre y de su jarabe. Añada los merengues tal como
indica la receta. Haga capas alternas en el molde forrado
de la mezcla de nata con 4 cucharadas de mermelada de
limón inglesa («lemon curd») y remueva para crear un efecto
marmolado. Congele y sirva cortado con un chorrito de fresas
trituradas.

helado de chocolate

4 raciones
tiempo de preparación
  20 minutos, más tiempo
  de enfriado y congelado
tiempo de cocción **10 minutos**

300 ml de **nata doble**
2 cucharadas de **leche**
50 g de **azúcar lustre**, tamizado
½ cucharadita de **esencia
  de vainilla**
125 g de **chocolate sin leche
  de buena calidad**, troceado
2 cucharadas de **nata líquida
  para cocinar**

para la **salsa de chocolate**
  (opcional)
150 ml de **agua**
3 cucharadas de **azúcar
  de grano fino**
150 g de **chocolate sin leche**,
  troceado

Ponga la nata doble y la leche en un bol y móntelas. Añada el azúcar lustre y la esencia de vainilla. Vierta la mezcla en un recipiente hondo apto para el congelador y congele durante 30 minutos o hasta que el helado empiece a cuajar por los bordes. (Este helado no se puede hacer en una heladera).

Derrita el chocolate (*véase* pág. 11), junto con la nata líquida, sobre una cacerola con agua hirviendo a fuego lento. Remueva hasta que quede homogéneo y después deje enfriar.

Saque el helado del congelador y póngalo en un bol. Añada el chocolate derretido y rápidamente incorpórelo al helado con un tenedor. Vuelva a poner el helado en el recipiente, tape y congele hasta que haya cuajado. Ponga el helado en la nevera 30 minutos antes de servir, para que se ablande un poco.

Para preparar la salsa de chocolate, caliente todos los ingredientes, si lo desea, en una cacerola, mientras remueve hasta que se hayan derretido. Sirva inmediatamente con bolas de helado.

Para preparar helado de chocolate con menta, haga el helado tal como indica la receta, pero añada 2 cucharadas de menta fresca picada y 20 g de caramelos de menta triturados a la nata montada. Congele como antes y después añada la mezcla de chocolate sin leche derretido.

sorbete de lichi y coco

4-6 raciones
tiempo de preparación
  30 minutos, más tiempo
  de congelado
tiempo de cocción **2-4 minutos**

lata de 425 g de **lichis sin hueso
  en almíbar ligero**
50 g de **azúcar de grano fino**
lata de 400 ml de **leche de coco**
cáscara rallada y zumo
  de 1 **lima**, y un poco
  más de cáscara entera
  de lima, para decorar
  (opcional)
copas de chocolate
  (véase abajo) para
  servir (opcional)
3 **kiwis**, pelados y cortados
  en gajos, para decorar

Escurra el almíbar de la lata de lichis y póngalo en una cacerola,
añada el azúcar y cueza a fuego lento hasta que el azúcar
se haya disuelto. Hierva durante 2 minutos y deje enfriar.

Triture los lichis en un robot de cocina o en una licuadora
hasta que quede homogéneo o frótelo contra un colador.
Mezcle con la leche de coco, la cáscara rallada y el zumo
de lima. Añada el almíbar cuando se haya enfriado.

Vierta la mezcla en un recipiente de plástico llano y congele
durante 4 horas o hasta que tenga consistencia de papilla.
Bata con un tenedor o mezcle en un robot de cocina
o en una licuadora hasta que quede homogéneo. Vuelva
a poner el sorbete en el recipiente de plástico y congele
durante 4 horas o toda la noche hasta que esté sólido.
(También puede ponerlo en una heladera durante 20 minutos
y después en un recipiente de plástico y congelar hasta
el momento de servir.)

Deje que se descongele 15 minutos a temperatura ambiente
antes de servir y después haga bolas y póngalas en platos
o en copas de chocolate y decore con gajos de kiwi y virutas
de cáscara de lima, si lo desea.

Para preparar copas de chocolate para servir el sorbete,
derrita 150 g de chocolate sin leche sobre una cacerola
con agua hirviendo a fuego lento (*véase* pág. 11), repártalo
entre 4 cuadrados de papel sulfurizado y espárzalo hasta
dibujar un círculo de unos 15 cm de diámetro. Ponga
el papel sobre un vaso boca abajo, con el chocolate hacia
arriba, de modo que el papel forme pliegues. Enfríe hasta
que esté sólido y levante el papel con chocolate del vaso.
Dé la vuelta a la copa y retire el papel sulfurizado.

sorbete de melón

4-6 raciones
tiempo de preparación
  15 minutos, más tiempo
  de congelado

1 **melón cantalupo**, de 1 kg
50 g de **azúcar lustre**
zumo de 1 **lima** o de un **limón**
  pequeño
1 **clara de huevo**

Corte el melón por la mitad y deseche las semillas. Saque la pulpa con una cuchara y deseche la piel.

Ponga la pulpa en un robot de cocina o en una batidora con el azúcar lustre y el zumo de lima o limón y triture. (También puede frotarlo contra un colador.) Vierta el puré en un recipiente apto para el congelador, tape y congele durante 2-3 horas. Si usa una heladera, triture la fruta y después ponga el puré en la máquina, bata y congele hasta que esté medio congelado.

Bata la mezcla de melón para romper los cristales del hielo. Monte la clara a punto de nieve e incorpórela a la mezcla de melón medio congelada. Vuelva a poner en el congelador hasta que esté sólido. También puede incorporar clara montada a la heladera y batir hasta obtener una consistencia muy densa.

Ponga el sorbete en la nevera 20 minutos antes de servir para descongelarlo un poco o haga bolas con él directamente de la heladera. Ponga bolas de sorbete en vasos de cristal. Para hacer un sorbete multicolor, haga tres tandas de sorbete usando un melón cantalupo en uno y melón de miel y sandía en las otras.

Para preparar sorbete de melón al jengibre, pele y ralle finamente un trozo de raíz de jengibre de 2,5 cm y después añádalo al puré de melón. Haga bolas y sírvalas en vasos pequeños y rocíe cada vaso con 1 cucharada de vino de jengibre.

granizado de sandía y tequila

6 raciones
tiempo de preparación
   20 minutos, más tiempo
   de infusionado y congelado
tiempo de cocción **2 minutos**

1 **vaina de vainilla**
150 g de **azúcar de grano fino**
150 ml de **agua**
2 k g de **sandía**
2 cucharadas de **zumo de limón**
4 cucharadas de **tequila**

Utilice un cuchillo pequeño y afilado para abrir la vaina de vainilla de arriba abajo. Póngala en una cacerola con el azúcar y la medida de agua. Cueza a fuego suave hasta que el azúcar se haya disuelto y deje el jarabe en infusión durante 20 minutos.

Corte la sandía en trozos y después quíteles la piel. Triture la pulpa en un robot de cocina o en una batidora hasta que quede homogéneo o frótela contra un colador.

Retire la vaina de vainilla del jarabe, raspe para sacar las semillas con la punta de un cuchillo y vuelva a ponerlas en el jarabe. Remueva para que se dispersen y deseche la vaina.

Cuele el puré de sandía, póngalo en un recipiente apto para el congelador y añada el jarabe de vainilla, el zumo de limón y el tequila. Congele durante 3-4 horas hasta que empiece a parecer una papilla. Chafe con un tenedor y congele durante 2-3 horas hasta que vuelva a parecer una papilla. Repita el proceso una o dos veces más hasta que el granizado tenga una consistencia de papilla escarchada más uniforme. Tenga en el congelador hasta el momento de servir.

Pase un tenedor por el granizado para romper los cristales del hielo y póngalo en vasos de tubo. Sirva con cucharas largas.

Para preparar granizado de moras y manzana, caliente 300 ml de agua con 25 g de azúcar de grano fino hasta que el azúcar se haya disuelto. Añada 4 manzanas Gala grandes peladas, sin corazón y cortadas a dados y 150 g de moras, después tape y hierva a fuego lento durante 10 minutos. Deje enfriar, triture y mezcle con 300 ml más de agua. Congele hasta que se formen escamas de hielo.

granizado de menta

6 raciones
tiempo de preparación
   20 minutos, más tiempo
   de enfriado y congelado
tiempo de cocción **4 minutos**

200 g de **azúcar de grano fino**
300 ml de **agua**, y un poco más
   para completar
cáscara entera y zumo
   de 3 **limones**
25 g de **menta fresca**, y unas
   ramitas más para decorar
azúcar lustre, para espolvorear

Ponga el azúcar y la medida de agua en una cacerola, añada la cáscara de limón y caliente a fuego lento hasta que el azúcar se haya disuelto. Suba el fuego y hierva durante 2 minutos.

Deseche los tallos de la menta y pique finamente suficientes hojas como para obtener 3 cucharadas y reserve. Añada las hojas de menta de mayor tamaño y los tallos al jarabe caliente y deje enfriar 1 hora para que salgan los sabores.

Cuele el jarabe en una jarra, añada la menta picada y cubra hasta llegar a 600 ml con agua fría. Vierta la mezcla en una bandeja de horno pequeña y congele durante 2-3 horas o hasta que parezca una papilla.

Rompa los cristales de hielo con un tenedor y después vuelva a poner en el congelador durante 2-3 horas más, repitiendo la operación una o dos veces más hasta que la mezcla tenga consistencia de hielo picado. Sirva así, en bolas dentro de vasos de cristal, decorado con pequeños ramitos de menta espolvoreados con azúcar lustre, o deje en el congelador hasta el momento de servir. Si lo deja en el congelador, sáquelo 15 minutos antes de servir. Si lo deja en el congelador toda la noche o más, rompa los cristales del hielo antes de servir.

Para preparar granizado de pomelo, haga un jarabe sólo con azúcar tal como indica la receta, pero sin la cáscara de limón. Cuando se haya enfriado, corte 4 pomelos por la mitad, exprima el zumo y reserve las cáscaras vacías. Cuele el zumo en el jarabe en lugar del zumo de limón y congele como antes. Sirva el postre en bolas dentro de las cáscaras de pomelo.

helado de miel y limón

4-6 raciones
tiempo de preparación
20-25 minutos, más tiempo
de enfriado y congelado
tiempo de cocción **2 minutos**

4 **limones** grandes o 6 medianos
unas 4 cucharadas de **agua**
2 cucharadas de **miel líquida**
65 g de **azúcar de grano fino**
1 **hoja de laurel fresco**
o 1 **ramita de melisa fresca**
450 g de **yogur natural** o **queso fresco**
tiras de **cáscara de limón**,
para decorar

Corte la parte superior de cada limón. Con cuidado saque la pulpa y el zumo con una cucharita. Deseche la parte blanca, la piel y las pepitas y después triture la pulpa y el zumo en un robot de cocina o con una batidora o frótela contra un colador. Necesitará una cantidad de 150 ml; si hay menos, rellénelo con agua hasta llegar a esa cantidad.

Ponga la medida de agua, la miel, el azúcar y la hoja de laurel o el ramita de melisa en una cacerola. Cueza a fuego lento removiendo hasta que el azúcar se haya disuelto y después deje enfriar. Mézclelo con el puré de limón y el yogur o el queso fresco. No saque la hierba aromática en este momento.

Vierta la mezcla en una bandeja o en una fuente y refrigere hasta que esté ligeramente congelada. Después chafe con un tenedor y saque la hierba aromática. Vuelva a poner el helado en el congelador hasta que esté sólido.

Ponga el helado en la nevera 20 minutos antes de servir decorado con tiras de cáscara de limón.

Para preparar mandarinas con mantequilla para acompañar el helado, pele 6 mandarinas satsuma o de Japón y, enteras, póngalas sobre un cuadrado de papel de aluminio. Corte 50 g de mantequilla sin sal en 6 trozos y añada un trozo a cada mandarina con 1 cucharadita de azúcar mascabado claro y una pizca de canela molida. Envuelva el papel de aluminio para encerrar los ingredientes y después ponga los paquetitos en una bandeja de horno y cueza en un horno precalentado a 180 °C durante 10 minutos. Sirva caliente con bolas de helado.

helado de avellana y café con chocolate

6 raciones
tiempo de preparación
   25 minutos, más tiempo
   de congelado
tiempo de cocción **5-10 minutos**

1 cucharadita de **café
   instantáneo**
2 cucharadas de **agua hirviendo**
4 **yemas de huevo**
50 g de **azúcar de grano fino**
3 cucharadas de **glucosa líquida**
300 ml de **nata doble**
100 g de **chocolate sin leche**,
   troceado
25 g de **avellanas**, tostadas,
   un poco trituradas
4 cucharadas de **licor de café
   Kahlúa** o **licor de crema
   de café**, para acompañar

Disuelva el café en el agua hirviendo. Ponga las yemas de huevo, el azúcar y la glucosa líquida en un bol grande en una cacerola con agua hirviendo a fuego lento y bata durante 5-10 minutos hasta obtener una consistencia muy densa y hasta que, al levantar el batidor, deje un rastro cremoso. Aparte el bol de la cacerola, sumerja su base en agua fría y después remueva hasta que se enfríe. Monte la nata en otro bol y añádala a las yemas con el café disuelto.

Forre un molde para tartas llano y cuadrado de 20 cm con film transparente. Vierta la mezcla de café y congele durante 3 horas hasta que esté sólido.

Derrita el chocolate (*véase* pág. 11) sobre una cacerola con agua hirviendo a fuego lento. Póngalo sobre una bandeja de horno forrada con papel sulfurizado y espárzalo en una capa uniforme muy fina. Eche las avellanas por encima y ponga en la nevera hasta que esté sólido.

Saque el helado del molde con la ayuda del film transparente. Corte en 3 tiras de tamaño similar y después corte cada tira en 4 rectángulos. Corte el chocolate en piezas un poco mayores y sepárelas del papel con una espátula.

Alterne 3 rectángulos de chocolate con 2 rectángulos de helado de café para formar 6 montones. Ponga uno en cada plato y rocíe el licor a su alrededor. Sirva de inmediato.

Para preparar helado de doble chocolate, siga la receta anterior pero sustituya el café por 125 g de chocolate sin leche derretido. Póngalo en moldes individuales forrados con film transparente y congele hasta que esté sólido. Sirva los postres en platos rociados con salsa (*véase* pág. 172) y virutas de chocolate (*véase* pág. 11).

mousse helada de chocolate

6 raciones
tiempo de preparación
   30 minutos, más tiempo
   de enfriado y congelado
tiempo de cocción **10 minutos**

250 g de **chocolate sin leche**
15 g de **mantequilla sin sal**
2 cucharadas de **glucosa líquida**
3 cucharadas de **zumo**
   de naranja recién exprimido
3 **huevos**, con yemas
   y claras separadas
200 ml de **nata doble**

Haga virutas de chocolate pasando un pelador por la parte inferior de la tableta. Si las virutas son demasiado pequeñas, caliente el chocolate en el microondas durante 10 segundos a máxima potencia (o en un horno caliente) hasta que esté lo bastante tierno como para darle forma. Cuando tenga bastantes virutas para decorar 6 *mousses*, trocee el resto del chocolate —debería tener 200 g— y derrítalo (*véase* pág. 11).

Añada la mantequilla y la glucosa al chocolate y después el zumo de naranja. Incorpore las yemas de huevo, una tras otra, a la mezcla hasta que quede homogéneo. Saque del fuego y deje enfriar.

Monte las claras a punto de nieve. Monte la nata también. Incorpore la nata a la mezcla de chocolate y después las claras montadas. Reparta la mezcla entre 6 tazas de café o moldes individuales.

Congele durante 4 horas o toda la noche hasta que la *mousse* esté sólida. Decore con virutas de chocolate por encima.

Para preparar *mousse* helada de chocolate y café, omita las virutas de chocolate y, en su lugar, derrita 200 g de chocolate sin leche y después añada 15 g de mantequilla (omita la glucosa líquida), 3 cucharadas de café solo fuerte y 3 yemas de huevo. Añada 3 claras montadas y después reparta la mezcla entre 4 moldes pequeños o en vasos y póngalos en la nevera durante 4 horas hasta que esté cuajado. Monte 125 ml de nata doble y después incorpore 2 cucharadas de licor de crema de café, si lo desea. Ponga la nata sobre la *mousse* y decore con un poco de cacao en polvo tamizado.

helado de plátano con miel

4-6 raciones
tiempo de preparación
15 minutos, más tiempo
de congelado y reposado

500 g de **plátanos**
2 cucharadas de **zumo de limón**
3 cucharadas de **miel densa**
150 g de **yogur natural**
100 g de **frutos secos un poco
picados**
150 ml **nata doble**
2 **claras de huevo**

para el **praliné**
50 ml de **agua**
170 g de **azúcar de grano fino**
2 cucharadas de **melaza**
o «**miel**» **de caña de azúcar**
175 g de **almendras tostadas**

Ponga los plátanos en un bol con el zumo de limón y aplaste hasta obtener una pasta homogénea. Añada la miel, seguida por el yogur y los frutos secos y mezcle bien. Ponga la mezcla de plátano y la nata en una heladera. Bata y congele la mezcla siguiendo las instrucciones del fabricante hasta que esté medio congelada. También puede batir la nata y después incorporar la mezcla de plátano y congelar en un recipiente de plástico durante 3-4 horas hasta que esté parcialmente congelado.

Monte las claras a punto de nieve. Añádalas a la heladera y siga batiendo y congelando hasta que esté completamente congelado. También puede romper los cristales de hielo con un tenedor en el recipiente de plástico y después incorporar las claras montadas y congelar hasta que esté sólido.

Para preparar el praliné, vierta la medida de agua en una cacerola grande y añada el azúcar y la melaza. Hierva a fuego lento hasta que el azúcar se haya disuelto y después cueza hasta obtener un jarabe de color caramelo. Ponga las almendras tostadas sobre un trozo de papel de aluminio untado con mantequilla y vierta el jarabe por encima. Deje reposar 1 hora. Cuando esté sólido, trocéelo irregularmente y sirva con el helado.

Para preparar helado de plátano con miel y plátanos glaseados, haga el helado tal como indica la receta. Cuando esté a punto de servir, caliente 25 g de mantequilla sin sal en una sartén, añada 3 plátanos cortados a rodajas gruesas y fríalas hasta que empiecen a quedar tiernas. Eche por encima 3 cucharadas de azúcar mascabado claro y cueza hasta que éste se haya disuelto y los plátanos empiecen a dorarse por los bordes. Añada 1 cáscara rallada y el zumo de 1 lima, cueza durante 1 minuto y después sirva con el helado.

castillo de chocolate blanco y frambuesa

6 raciones
tiempo de preparación
30 minutos, más tiempo
de congelado

750 ml de **helado de fresa**
250 de **chocolate blanco**,
troceado
400 g de **frambuesas**

Forre 6 moldes individuales metálicos o de porcelana de paredes lisas con film transparente, ponga una capa gruesa de helado en la base de cada uno y después ponga encima dos bolas pequeñas. Congele durante 2-3 horas hasta que quede sólido.

Derrita el chocolate (*véase* pág. 11). Corte 6 tiras de papel de la misma medida que la circunferencia del molde pero que sea 2,5 cm más alto. Unte las tiras con chocolate de modo que cubra uniformemente la base y los dos extremos de la tira, pero que dibuje ondas irregulares en la parte alargada opuesta a la base.

Saque el helado rápidamente de los moldes con la ayuda del film transparente y después retírelo. Envuelva el helado con una de las tiras cubiertas con chocolate de modo que la parte del chocolate toque el helado y el papel quede fuera. Repita la operación con los otros helados. Vuelva a poner en el congelador 2 horas más.

Reserve unas cuantas frambuesas para decorar cada castillo. Triture el resto de las frambuesas y cuélelas, si lo desea. Rocíe 6 platos de servir con el puré. Saque los helados del congelador y retire el papel. Ponga el castillo en el centro del plato y decore con unas frambuesas.

Para preparar tulipas de barquillo con frutos rojos, use 500 g de frutos rojos variados congelados en lugar de las frambuesas. Reserve la mitad de la fruta y triture el resto, para rociar 6 platos. En lugar de hacer los castillos, ponga la fruta restante en 6 tulipas de barquillo compradas, que pondrá en los platos con una bola de helado de vainilla en cada una. Decore con hojas de menta.

tarta de lima

8 raciones
tiempo de preparación
30 minutos, más tiempo
de refrigerado
tiempo de cocción
15-20 minutos

200 g de **galletas** *digestive*,
trituradas
4 cucharadas de **azúcar
de grano fino**
6 cucharadas de **mantequilla
sin sal**, derretida
3 **huevos**, con yemas
y claras separadas
400 g de **leche condensada**
125 ml de **zumo de lima**
recién exprimido
1 cucharada de **zumo de limón**
2 cucharaditas de **cáscara
rallada de lima**

para la **guarnición**
250 ml de **nata doble**
1 cucharada de **azúcar lustre**
extracto de vainilla
rodajas de lima, para decorar
(opcional)

Mezcle las migas de galleta, la mitad del azúcar y la mantequilla derretida y, presionando, cubra la base y las paredes de un molde desmontable para tartas de 23 cm. Ponga el molde en la nevera mientras hace el relleno.

Bata las yemas de huevo hasta que queden cremosas. Añada la leche condensada, el zumo de lima y limón y la cáscara de lima y mezcle hasta que quede homogéneo y un poco denso. En otro bol, monte las claras a punto de nieve. Añada el resto del azúcar y siga batiendo hasta hacer merengue (*véase* pág. 10). Use una cuchara metálica para incorporar el merengue a la mezcla de lima.

Vierta el relleno uniformemente en la base de galletas. Cueza en un horno precalentado a 160 °C durante 15-20 minutos o hasta que el relleno esté sólido y ligeramente dorado por arriba. Cuando se haya enfriado, ponga la tarta en la nevera durante por lo menos 3 horas, hasta que esté bien fría.

Empiece a montar la nata hasta que comience a quedar densa. Añada el azúcar lustre y el extracto de vainilla y siga batiendo hasta montarla por completo. Eche la nata por encima de la tarta. Decore con rodajas de lima retorcidas, si lo desea. Retire el lateral del molde antes de servir y sirva bien frío.

Para preparar una tarta de lima sin cocer, haga la base de galletas tal como indica la receta. Monte 300 ml de nata doble. Incorpore 400 g de leche condensada y después añada la cáscara rallada y el zumo de 3 limas hasta obtener una consistencia densa. Vierta la mezcla uniformemente sobre la base de galletas y ponga la tarta en la nevera 4 horas. Sirva en trozos con unas virutas de cáscara de lima por encima.

para el último
momento

tortita con manzana y chocolate

4 raciones
tiempo de preparación
10 minutos
tiempo de cocción **7-8 minutos**

40 g de **mantequilla sin sal**
3 **manzanas para postre**,
   sin corazón y cortada
   a rodajas gruesas
2 pizcas grandes de **canela**
   molida
4 **tortitas preparadas**,
   de 20 cm de diámetro
4 cucharadas de **crema**
   de cacao y avellanas
azúcar lustre, para espolvorear

Derrita la mitad de la mantequilla en una sartén grande. Añada las manzanas y fríalas durante 3-4 minutos, removiendo y dándoles la vuelta hasta que estén calientes y doradas. Espolvoree con canela.

Separe las tortitas y úntelas con crema de cacao y avellanas. Reparta las manzanas entre las tortitas de modo que cubran la mitad de su superficie. Doble la mitad que no esté cubierta hacia el centro para cubrir las manzanas.

Ponga la mantequilla restante en la sartén, añada las tortitas y fríalas un par de minutos por cada lado para calentarlas. Ponga las tortitas en platos llanos y espolvoree con azúcar lustre.

Para preparar tortitas con melocotón Melba, fría 2 melocotones grandes cortados a rodajas gruesas con la mantequilla en lugar de las manzanas y omita la canela. Unte las tortitas con 4 cucharadas de mermelada de frambuesa, ponga los trozos de melocotón por encima y doble la tortita como antes. Páselos por la sartén para calentarlos y sirva con unas cuantas frambuesas frescas, un poco de azúcar lustre espolvoreado y una bola de helado.

frambuesas y melocotones pochados

6 raciones
tiempo de preparación
15 minutos
tiempo de cocción **25 minutos**

250 ml de **agua**
150 ml de **marsala** o **jerez dulce**
75 g de **azúcar de grano fino**
1 **vaina de vainilla**
6 **melocotones**, cortados
por la mitad y sin hueso
150 g de **frambuesas frescas**

Vierta la medida de agua y el marsala o el jerez en una cacerola y después añada el azúcar. Abra la vaina de vainilla de arriba abajo y raspe su interior para sacar las semillas negras. Añada las semillas al agua con la vaina y después cueza la mezcla hasta que el azúcar se haya disuelto.

Ponga las mitades de melocotón en una fuente apta para el horno de manera que queden unas al lado de las otras. Vierta por encima el jarabe caliente y después tape y cueza en un horno precalentado a 180 °C durante 20 minutos.

Eche las frambuesas por encima. Sirva la fruta caliente o fría. Ponga en boles y decore con la vaina de vainilla cortada en tiras finas.

Para preparar ciruelas pasas pochadas con vainilla, haga el jarabe de azúcar tal como se indica en la receta y después añada 250 g de ciruelas pasas sin hueso en lugar de los melocotones. Tape y hierva a fuego lento, cueza como antes y sirva caliente con un poco de nata agria y 4 galletas *amaretti* troceadas.

helado de mango y tamarindo

4 raciones
tiempo de preparación
10 minutos, más tiempo
de enfriado
tiempo de cocción **8 minutos**

25 g de **pasta de tamarindo**
75 g de **azúcar mascabado
claro**
2 cucharadas de **melaza**
o «**miel**» **de caña de azúcar**
cáscara rallada y zumo de 1 **lima**,
y un poco más de **cáscara
entera de lima**, para decorar
(opcional)
150 ml de **agua**
2 cucharadas de **harina fina
de maíz**
15 g de **mantequilla sin sal**
1 **mango grande**, sin hueso,
pelado y cortado a gajos
12 bolas de **helado de vainilla**

Ponga la pasta de tamarindo, el azúcar y la melaza
en una cacerola pequeña. Añada la cáscara, el zumo
de lima y la medida de agua y lleve a la ebullición,
removiendo hasta que el azúcar se haya disuelto.
Hierva a fuego lento durante 5 minutos.

Mezcle la harina fina de maíz con un poco más de agua
en un vaso y después añádalo a la salsa con la mantequilla.
Vuelva a llevar a la ebullición y cueza, removiendo, hasta
que haya espesado. Deje enfriar durante 10 minutos.

Reparta el mango y el helado entre 4 copas de cristal
y después rocíe con un poco de la salsa y decore con unas
virutas de cáscara de lima, si lo desea. Sirva la salsa restante
en una jarrita pequeña.

Para preparar yogur de tamarindo y plátano, haga
la salsa de tamarindo tal como se indica en la receta y deje
enfriar por completo. Corte 3 plátanos a trozos y mézclelos
con 400 g de yogur griego. Añada la salsa de tamarindo
fría y mezcle un poco para crear un efecto marmolado.
Ponga en copas de cristal y sirva.

torrijas con frutos rojos

4 raciones
tiempo de preparación
  10 minutos
tiempo de cocción **10 minutos**

4 rebanadas gruesas
  de **brioche grande**
2 **huevos**
6 cucharadas de **leche**
50 g de **mantequilla sin sal**
150 g de **yogur griego**
250 g de **frambuesas**
100 g de **arándanos**
azúcar lustre, para espolvorear,
  o **sirope de arce**

Corte cada rebanada de brioche en dos triángulos. Bata
los huevos con la leche en un plato hondo con un tenedor.

Caliente la mitad de la mantequilla en una sartén. Sumerja
rápidamente el brioche, un triángulo tras otro, en la mezcla
de huevo y después ponga tantos triángulos como quepan
en la sartén. Cueza con fuego suave hasta que la parte
de abajo esté dorada y después saque las rebanadas de
la sartén y manténgalas calientes.

Caliente la mantequilla restante en la sartén, sumerja
los triángulos de brioche restantes en la mezcla de huevo
y fríalos.

Ponga 2 triángulos por ración en platos y acompañe con
un poco de yogur, unas cuantas frambuesas y unos cuantos
arándanos y un poco de azúcar lustre tamizado por encima
o un chorrito de sirope de arce. Sirva de inmediato.

Para preparar torrijas especiadas con albaricoques, hierva
a fuego lento 150 g de orejones con el zumo de 1 naranja
y 125 ml de agua durante 10 minutos hasta que estén tiernos.
Corte 4 rebanadas de pan con frutas pasas por la mitad.
Mezcle el huevo y la leche tal como se indica en la receta
con ¼ de cucharadita de canela molida y después sumerja
en la mezcla de huevo y fría el pan como antes. Ponga
las torrijas en platos con 150 g de yogur griego y la compota
caliente de albaricoque.

ensalada verde de fruta

6 raciones
tiempo de preparación
15 minutos

300 g de **uvas verdes** sin
   pepitas, cortadas por la mitad
4 **kiwis**, pelados, cortados
   a cuartos y después a rodajas
2 **peras** maduras, peladas,
   sin corazón y cortadas
   a rodajas
4 **frutas de la pasión**, cortadas
   por la mitad
4 cucharadas de **licor de saúco
   concentrado**
4 cucharadas de **agua**
300 g de **yogur griego**
2 cucharadas de **miel líquida**

Ponga las uvas, los kiwis y las peras en un bol. Con una cucharita, saque las semillas de 3 de las frutas de la pasión y échelas al bol. Mezcle 2 cucharadas del licor con la medida de agua y rocíe la ensalada. Mezcle y reparta en 6 vasos.

Vierta el licor restante en el yogur y después añada la miel. Ponga la mezcla en los vasos. Decore con las semillas de la fruta de la pasión restante y sirva.

Para preparar ensalada roja de fruta, mezcle 300 g de uvas rojas con pepitas cortadas por la mitad con 150 g de frambuesas frescas y 150 g de fresas troceadas. Eche los granos de ½ granada y después rocíe con 6 cucharadas de mosto de uva roja. Mezcle el yogur sólo con la miel y después ponga la mezcla por encima de la ensalada de fruta. Decore con unos cuantos granos más de granada.

tortilla dulce con fresas

4 raciones
tiempo de preparación
15 minutos
tiempo de cocción **10 minutos**

375 g de **fresas**, sin rabito y
cortadas en trozos gruesos,
y unas cuantas más para
decorar
2 cucharadas de **gelatina
de grosella**
2 cucharaditas de **vinagre
balsámico**
5 **huevos**, con yemas y claras
separadas
4 cucharadas de **azúcar lustre**,
tamizado
25 g de **mantequilla sin sal**

Ponga las fresas, la gelatina de grosella y el vinagre
en una cacerola hasta que la gelatina se haya derretido.

Mientras, monte las claras de huevo a punto de nieve.
Mezcle las yemas con 1 cucharadas del azúcar y después
incorpore la mezcla a las claras.

Caliente la mantequilla en una sartén grande, añada la mezcla
de huevo y cueza a fuego medio durante 3-4 minutos hasta
que la parte de abajo esté dorada. Rápidamente ponga
la sartén en un gratinador encendido y deje gratinar durante
2-3 minutos hasta que la parte de arriba esté dorada y el centro
siga tierno, asegurándose de que el mango de la sartén está
alejado de la fuente de calor.

Vierta la mezcla caliente de fresa por encima de la tortilla,
doble por la mitad y espolvoree con el azúcar restante.
Corte 4 trozos y sirva inmediatamente con unas fresas más.

Para preparar tortilla dulce con melocotones y arándanos,
ponga 2 melocotones maduros y cortados en rodajas en una
cacerola con 100 g de arándanos, 2 cucharadas de gelatina
de grosella y 2 cucharadas de zumo de limón. Cueza todo
junto y haga la tortilla dulce tal como se indica en la receta.
Vierta las frutas calientes sobre la tortilla y sirva de inmediato.

tiramisú de chocolate blanco y frambuesas

6 raciones
tiempo de preparación
20 minutos

3 cucharaditas rasas de **café instantáneo**
7 cucharadas de **azúcar lustre**
250 ml de **agua hirviendo**
12 **bizcochos de soletilla**, 100 g aprox.
250 g de **queso mascarpone**
150 ml de **nata doble**
3 cucharadas de **kirsch** (opcional)
250 g de **frambuesas frescas**
75 g de **chocolate blanco**, picado

Ponga el café y las 4 cucharadas del azúcar lustre en un plato llano y después vierta la medida de agua hirviendo y mezcle todo hasta que se haya disuelto. Sumerja 6 bizcochos, uno tras otro, en la mezcla de café y después desmigájelos dentro de 6 copas de cristal.

Ponga el mascarpone en un bol con el azúcar lustre restante y vaya incorporando gradualmente la nata hasta que quede homogéneo. Añada el kirsch, si lo desea, y después reparta la mitad de la mezcla entre las copas.

Desmenuce la mitad de las frambuesas sobre el mascarpone que hay en las copas y después eche la mitad del chocolate. Sumerja el resto de los bizcochos en la mezcla de café, desmigaje y ponga en las copas. Después añada el resto del mascarpone y las frambuesas restantes, esta vez enteras y termine echando por encima los trocitos de chocolate. Sirva inmediatamente o ponga en la nevera hasta el momento de servir.

Para preparar el clásico tiramisú, omita las frambuesas y el chocolate blanco. Mezcle el mascarpone con la nata y 3 cucharadas de licor de café Kahlúa o brandy y después vierta en una copa grande de cristal con los bizcochos de soletilla empapados con café y 75 g de chocolate sin leche picado.

crema de plátano y mascabado

4 raciones
tiempo de preparación
20 minutos, más tiempo
de reposado

2 **plátanos** maduros
zumo de ½ **limón**
15 g de **jengibre confitado**,
picado muy fino, y un poco
más para decorar
150 g de **yogur natural bajo
en grasas**
8 cucharadas de **azúcar
mascabado oscuro**

Ponga los plátanos con un poco de zumo de limón y tritúrelos en un plato con un tenedor. Añada el jengibre y el yogur y mézclelo todo. Reparta una tercera parte de la mezcla entre 4 copas de cristal.

Espolvoree cada copa con una cucharadita del azúcar. Ponga encima la mitad de la mezcla de plátano restante y una segunda capa de azúcar. Termine con la última parte de plátano encima y decore con un poco más de jengibre, cortado en tiras.

Deje reposar la crema durante 5-10 minutos para que el azúcar se disuelva y se transforme en una especie de jarabe entre las capas de crema. Sirva con galletas, si lo desea.

Para preparar crema de plátano, albaricoque y cardamomo, cueza 100 g de orejones con 150 ml de agua y 2 vainas de cardamomo un poco machacadas, incluyendo las vainas y sus semillas negras, en una cacerola tapada durante 10 minutos hasta que la fruta esté tierna. Retire las vainas de cardamomo y triture la mezcla con 3 cucharadas de zumo de naranja recién exprimido. Deje enfriar y después ponga capas alternas de mezcla de plátano y yogur con mezcla de albaricoque tal como se indica en la receta. Puede servir de inmediato.

fruta de verano gratinada

4 raciones
tiempo de preparación
10 minutos
tiempo de cocción **20 minutos**

2 **melocotones** maduros,
sin hueso y cortados a rodajas
4 **ciruelas rojas** maduras,
sin hueso y cortadas a rodajas
150 g de mezcla de **frambuesas**
y **moras** (o sólo **frambuesas**)
200 g de **queso mascarpone**
4 cucharadas de **azúcar**
de grano fino
2 cucharadas de **nata doble**

Ponga toda la fruta en una fuente apta para el horno.
Mezcle el mascarpone con 2 cucharadas del azúcar, la nata
y la cáscara de lima y después vierta uniformemente esta
mezcla por encima de la fruta.

Espolvoree la parte superior con el azúcar restante
y después ponga la fuente en una bandeja de horno y cueza
en un horno precalentado a 190 °C durante 15 minutos
hasta que el queso esté cremoso y el azúcar espolvoreado
se haya caramelizado. Sirva de inmediato.

Para preparar fruta tropical gratinada, ponga rodajas
de 1 mango grande en la fuente con rodajas de 1 papaya
y 150 g de arándanos. Vierta el mascarpone por encima y cueza
tal como se indica en la receta.

manzanas asadas con *crumble* de avena

4 raciones
tiempo de preparación
15 minutos
tiempo de cocción
20-25 minutos

4 **manzanas para postre**,
cortadas por la mitad
y sin corazón
75 g de **uvas pasas**
4 cucharadas de **melaza**
o **«miel» de caña de azúcar**
6 cucharadas de **zumo
de manzana** o de **agua**
50 g de **harina común**
50 g de **copos de avena**
50 g de **azúcar mascabado
claro**
50 g de **mantequilla sin sal**,
a temperatura ambiente,
cortada a dados
2 cucharadas de **pipas
de girasol peladas**
2 cucharadas de **semillas
de sésamo**

Ponga las manzanas, con la parte cortada hacia arriba, en una fuente de horno poco honda. Reparta las pasas entre las manzanas, asegurándose de que llenan la cavidad del corazón. Rocíe con 2 cucharadas de melaza y vierta el zumo de manzana o el agua en la base de la fuente.

Ponga la harina, los copos de avena, el azúcar y la mantequilla en un bol pequeño y mezcle con los dedos hasta que parezcan migas de pan. Añada las semillas y las pipas. Ponga la mezcla sobre las manzanas en un montoncito. Rocíe con la melaza restante.

Cueza en un horno precalentado a 180 °C durante 20-25 minutos hasta que la guarnición esté dorada y las manzanas estén tiernas. Sirva caliente con bolas de helado de vainilla o nata agria.

Para preparar ciruelas asadas con *crumble* de muesli, corte 10 ciruelas por la mitad y póngalas, con la parte cortada hacia arriba, en una fuente apta para el horno. Rocíe con 2 cucharadas de miel y vierta 6 cucharadas de mosto de uva roja o de agua en la base de la fuente. Haga la guarnición de las ciruelas con 75 g de muesli en lugar de los copos de avena, las pipas y las semillas. Cueza y sirva tal como se indica en la receta.

ensalada caliente de frutas caribeñas

4 raciones
tiempo de preparación
  15 minutos
tiempo de cocción **6-7 minutos**

50 g de **mantequilla sin sal**
50 g de **azúcar mascabado
  claro**
1 **papaya** grande, cortada por
  la mitad, sin pepitas, pelada
  y cortada a rodajas
1 **mango** grande, sin hueso,
  pelado y cortado a rodajas
½ **piña**, sin corazón, pelada
  y troceada
una lata de 400 ml de **leche
  de coco**
cáscara rallada y zumo de **1 lima**

Caliente la mantequilla en una sartén grande, añada el azúcar
y cueza a fuego lento hasta que se haya disuelto. Añada toda
la fruta y cueza durante 2 minutos y después vierta la leche
de coco, la mitad de la cáscara de lima y todo su zumo.

Cueza a fuego lento durante 4-5 minutos y después sirva
caliente en boles con un poco de la cáscara de lima restante
por encima.

Para preparar ensalada de frutas caribeñas flambeadas,
omita la leche de coco y añada 3 cucharadas de ron blanco
o negro. Cuando el ron esté hirviendo, flambee con una
cerilla larga y apártese. Cuando hayan desaparecido las llamas,
añada la cáscara y el zumo de lima y sirva con bolas de helado
de vainilla.

mini alaska

4 raciones
tiempo de preparación
   15 minutos, más tiempo
   de congelado
tiempo de cocción **5 minutos**

4 trozos de **brazo de gitano
   con mermelada** o 4 trozos
   de **bizcocho sencillo** sin
   esquinas
4 bolas de **helado de vainilla
   y fresa** o de **vainilla**
2 **claras de huevo**
50 g de **azúcar de grano fino**
175 g de **frutos rojos
   congelados**, recién
   descongelados o calentados
   en una cacerola pequeña

Ponga los trozos de brazo de gitano o de bizcocho, bien espaciados, en una bandeja de horno, y encima una bola de helado. Ponga en el congelador durante 10 minutos (o más si tiene tiempo).

Monte las claras a punto de nieve en un bol grande. Vaya incorporando gradualmente el azúcar, una cucharadita tras otra, y siga batiendo unos minutos hasta obtener una consistencia densa y brillante (*véase* pág. 10).

Saque los bizcochos con helado del congelador y rápidamente ponga el merengue encima y alrededor para cubrirlos completamente. Cueza en un horno precalentado a 200 °C durante 5 minutos hasta que los picos del merengue estén dorados, el merengue esté cocido y el helado empiece a ablandarse.

Ponga los Alaskas en platos llanos y acompañe con frutos rojos a su alrededor. Sirva de inmediato.

Para preparar Alaskas con café, use un brazo de gitano de chocolate (sin recubrimiento de chocolate) en lugar del brazo de gitano con mermelada o los trozos de bizcocho sencillo. Ponga una bola de helado de café sobre el trozo de brazo de gitano y después el merengue tal como se indica en la receta. Cuando esté cocido, espolvoree con un poco de cacao en polvo tamizado y sirva de inmediato.

clementinas caramelizadas con laurel

4 raciones
tiempo de preparación
10 minutos
tiempo de cocción **12 minutos**

250 g de **azúcar de grano fino**
250 ml de **agua fría**
8 **clementinas**
4 hojas pequeñas frescas
de **laurel**
6 cucharadas de **agua hirviendo**

Ponga el azúcar y la medida de agua fría en una cacerola y cueza con fuego suave, mientras remueve muy de vez en cuando hasta que el azúcar se haya disuelto.

Mientras, pele las clementinas y, dejándolas enteras, póngalas en un gran plato de cristal o en un bol con las hojas de laurel.

Suba el fuego cuando el azúcar se haya disuelto y hierva el jarabe durante 8-10 minutos, sin remover y vigilándolo hasta que empiece a cambiar de color, primero dorado claro en los bordes y después dorado más oscuro en toda la superficie.

Saque la cacerola del fuego y añada la medida de agua hirviendo, una cucharada tras otra, manteniéndose lejos por si el jarabe chisporrotea. Mueva la cacerola de un lado a otro pero no remueva. Una vez que hayan desaparecido las burbujas, vierta el jarabe caliente por encima de las clementinas y las hojas de laurel. Deje enfriar y sirva el postre con un poco de nata agria o nata.

Para preparar clementinas caramelizadas con especias, omita las hojas de laurel y añada 2 anises estrellados enteros o su equivalente en trozos, 1 rama de canela, cortada por la mitad, y 3 clavos. Haga el jarabe tal como se indica en la receta y después viértalo por encima de las especias y la fruta.

peras al vino con especias

6 raciones

tiempo de preparación
10 minutos
tiempo de cocción **12 minutos**

300 ml de **vino tinto** barato
200 ml de **agua**
cáscara y zumo de 1 **naranja**
1 **rama de canela**, partida
en trozos grandes
6 **clavos**
1 hoja pequeña fresca
de **laurel**
75 g de **azúcar de grano fino**
6 **peras**
3 cucharaditas de **harina fina**
de maíz

Vierta el vino y la medida de agua en una cacerola donde quepan las peras unas al lado de las otras. Corte la cáscara de naranja en tiras finas y después añádala a la cacerola con el zumo de naranja, las especias, las hojas de laurel y el azúcar. Cueza a fuego lento hasta que el azúcar se haya disuelto.

Pele las peras, sin quitar los rabitos, y después póngalas con el jarabe de vino. Hierva a fuego lento durante 10 minutos, dándole la vuelta a las peras varias veces de modo que se cuezan y adquieran un color uniformemente.

Saque las peras de la cacerola y póngalas en un plato. Mezcle la harina fina de maíz con un poco de agua en un vaso y después incorpórela al jarabe de vino. Lleve a la ebullición, removiendo hasta que quede una consistencia densa y homogénea. Añada las peras y deje enfriar.

Ponga las peras en platos hondos y sirva con un poco de nata agria o nata.

Para preparar manzanas con sidra, utilice sidra dulce en lugar del vino y añada la cáscara y el zumo de naranja, las especias y el azúcar tal como se indica en la receta, pero omita las hojas de laurel. Disuelva el azúcar y después añada 6 manzanas para postre, peladas, sin corazón y cortadas a cuartos. Hierva a fuego lento durante 5 minutos hasta que estén tiernas y después espese el jarabe con harina fina de maíz como antes.

higos marroquíes asados con yogur

4 raciones
tiempo de preparación
10 minutos
tiempo de cocción **10 minutos**

8 **higos frescos**, lavados
con agua fría
3 cucharaditas de **agua
de rosas**
4 cucharadas de **miel líquida**
50 g de **mantequilla sin sal**
250 g de **yogur griego**
un poco de **Delicia Turca**,
troceada

Haga un corte en forma de cruz en cada uno de los higos
y ábralos un poco. Ponga los higos en una fuente pequeña
apta para el horno. Añada unas cuantas gotas de agua de rosas
en cada higo y después rocíe con 3 cucharadas de la miel
y ponga la mantequilla en trocitos por encima.

Cueza en un horno precalentado a 190 °C durante
8-10 minutos hasta que los higos estén calientes pero
no demasiado tiernos. Mientras, mezcle el yogur con la miel
restante y vaya incorporando gradualmente agua de rosas
al gusto.

Ponga los higos en platos llanos y sirva con un poco de yogur
griego con trocitos de Delicia Turca esparcidos por encima.

Para preparar albaricoques asados con pistachos, ponga
12 albaricoques frescos, cortados por la mitad, en una bandeja
de horno. Eche sobre cada mitad de albaricoque unas cuantas
gotas de agua de azahar, 3 cucharadas de miel y 40 g
de pistachos partidos por la mitad sin cáscara. Ponga también
50 g de mantequilla en trocitos y cueza tal como se indica
en la receta. Sirva con 250 g de yogur griego sazonado
con 1 cucharada de miel y agua de azahar al gusto.

fondue de chocolate blanco con fruta

4 raciones
tiempo de preparación
10 minutos
tiempo de cocción **5 minutos**

200 g de **chocolate blanco**
de buena calidad, troceado
300 ml de **nata doble**
2 cucharadas de **kirsch**
2 **melocotones**, troceados
250 g de **frambuesas** grandes
375 g de **fresas**, cortadas por
la mitad
un puñado de **uvas rojas**
sin pepitas

Derrita el chocolate con la nata en un bol sobre una cacerola
con agua hirviendo a fuego lento (*véase* pág. 11). Añada
el kirsch.

Ponga toda la fruta en platos individuales junto con tenedores
o brochetas para clavar los trozos de fruta.

Mantenga la *fondue* caliente sobre un quemador mientras
come o póngala en boles individuales, si lo prefiere.

Para preparar *fondue* de chocolate negro y vainilla,
cueza 200 g de chocolate sin leche, 300 ml de nata doble,
4 cucharadas de azúcar mascabado claro y 1 cucharadita
de esencia de vainilla en la misma cacerola, removiendo hasta
que quede homogéneo. Sirva con 2 melocotones, troceados,
2 manzanas rojas para postre, troceadas, y 125 g de nubes.

zabaglione con fresas gratinadas

4 raciones
tiempo de preparación
10 minutos
tiempo de cocción **10 minutos**

500 g de **fresas**, cortadas por
   la mitad o a cuartos, según
   su tamaño
3 **yemas de huevo**
50 g de **azúcar de grano fino**
6 cucharadas de **jerez seco**
   o **dulce**
4 cucharaditas de **azúcar lustre**

Reparta las fresas entre 4 platos hondos de 300 ml aptos
para el horno, o use una fuente de 1,2 l si lo prefiere.

Ponga las yemas de huevo, el azúcar y 4 cucharadas
del jerez en un bol grande en una cacerola con agua hirviendo
a fuego lento. Cueza la mezcla, sin parar de remover usando
una batidora manual eléctrica (o un batidor de mano o de
manivela), durante 5 minutos hasta que la mezcla sea muy
densa y espumosa y llene casi la mitad del bol.

Añada el jerez restante y cueza unos cuantos minutos más
hasta que quede denso de nuevo. Vierta la mezcla por encima
de las fresas y eche después azúcar lustre tamizado.

Gratine debajo del gratinador de un horno precalentado
durante 3-4 minutos hasta que el azúcar esté dorado
o caramelice con un soplete de cocina. Sirva inmediatamente.

Para preparar *zabaglione* con ensalada de fruta,
reparta 125 g de frambuesas frescas, 125 g de uvas
verdes y rojas cortadas por la mitad y sin pepitas y 2 kiwis
pelados y cortados a dados entre 4 vasos. Haga el *zabaglione*
con 6 cucharadas de vino blanco seco en lugar del jerez
y vierta por encima de la fruta pero no gratine.

crema con arándanos caramelizados

6 raciones
tiempo de preparación
10 minutos
tiempo de cocción **5 minutos**

150 g de **azúcar de grano fino**
3 cucharadas de **agua fría**
2 cucharadas de **agua hirviendo**
150 g de **arándanos frescos**
   (no congelados)
400 g de **queso fresco**
425 g de **natillas** preparadas

Ponga el azúcar y la medida de agua fría en una sartén y cueza con fuego suave, removiendo muy de vez en cuando hasta que el azúcar se haya disuelto. Lleve a la ebullición y cueza durante 3-4 minutos, sin remover, hasta que el jarabe empiece a cambiar de color y se vuelva dorado en los bordes.

Añada la medida de agua hirviendo; cuando lo haga, apártese por si el jarabe chisporrotea. Mueva la sartén de un lado al otro para que se mezcle todo. Añada los arándanos y cueza durante 1 minuto. Saque la sartén del fuego y deje enfriar (quizás el tiempo de comer el plato principal).

Mezcle el queso fresco y las natillas, ponga esta crema en platos pequeños y después eche la mezcla de arándanos por encima. Sirva inmediatamente, con merengues pequeños, si lo desea.

Para preparar crema con plátanos caramelizados, haga el caramelo tal como se indica en la receta y después añada 2 plátanos troceados en lugar de los arándanos. Deje enfriar un poco y después vierta sobre la mezcla de natillas y queso fresco. Decore con un poco de chocolate sin leche rallado.

refresco de cítricos

4 raciones
tiempo de preparación
  10 minutos
tiempo de cocción **6-7 minutos**

150 ml de **zumo de naranja**
  refrigerado
150 ml de **agua**
125 g de **azúcar de grano fino**
zumo de ½ **limón**
2 **pomelos**
4 **naranjas** (una mezcla
  de **naranjas normales**
  y **sanguinas**, si es posible)
1 **melón con pulpa naranja**
½ **granada**

Vierta el zumo de naranja y la medida de agua en una cacerola, añada el azúcar y cueza con fuego suave hasta que el azúcar se haya disuelto y después hierva a fuego lento durante 5 minutos hasta que adquiera consistencia de jarabe.

Corte la parte inferior y superior de cada pomelo y después haga cortes de arriba abajo en el resto de la cáscara con un cuchillo para pelarlo. Sujetando la fruta sobre un bol, corte entre las membranas para liberar los gajos. Haga lo mismo con las naranjas y ponga los gajos de ambas frutas en el bol.

Corte el melón por la mitad, saque las pepitas, quítele la piel y corte la pulpa a dados. Ponga el melón con los cítricos y después vierta el jarabe por encima. Presione por varios lados la granada para liberar los granos, échelos por encima y después ponga los boles en la nevera hasta el momento de servir.

Para preparar refresco de naranja e higo, haga el jarabe tal como se indica en la receta. Omita el pomelo y aumente el número de naranjas a 6. Corte 4 higos frescos en gajos, pélelos y añádalos a las naranjas. Vierta el jarabe de azúcar y eche unas cuantas hojas de menta fresca por encima. Sirva frío.

plátanos a la parrilla

4 raciones
tiempo de preparación
5 minutos
tiempo de cocción **10 minutos**

4 plátanos
4 cucharadas de **ron** (o **amaretto,
brandy** o **jerez**)
cáscara rallada de 1 **lima**

para **acompañar**
4 bolas de **helado de vainilla**
8 **galletas de almendra,**
trituradas

Cueza los plátanos, sin quitarles la piel, a la parrilla durante
8-10 minutos cuando el calor de las brasas no es demasiado
fuerte hasta que las pieles se ennegrezcan y la carne esté
tierna. También puede cocerlo durante el mismo tiempo
en un horno precalentado a 200 °C.

Haga un corte a la piel de cada plátano de arriba abajo
y ponga los plátanos en 4 platos. Rocíe el ron dentro del
plátano y espolvoree con cáscara de lima. Sirva de inmediato,
con bolas de helado de vainilla y migas de galleta de almendra
por encima.

Para preparar paquetitos de plátano jamaicano, pele
4 plátanos, pártalos por la mitad de arriba abajo y repártalos
entre 4 láminas de papel de aluminio. Ponga 40 g de mantequilla
sin sal en trocitos, 2 cucharadas de azúcar mascabado
claro, el zumo de 1 lima y 2 cucharadas de ron por encima.
Selle el papel de aluminio de modo que ninguno de los
ingredientes pueda salir y después cueza a la parrilla
durante 5-8 minutos hasta que los plátanos estén tiernos.
Sirva caliente con helado.

índice

236

agradecimientos

Editora ejecutiva: Nicola Hill
Editora: Fiona Robertson
Director artístico ejecutivo: Leigh Jones
Diseñadora: Jo Tapper
Fotógrafo: Will Heap
Economista: Sara Lewis
Estilista: Liz Hippisley

Fotografía especial: © Octopus Publishing Group
Limited/Hill Heap
Otras fotografías: © Octopus Publishing Group
Limited/Gareth Sambrisge 20, 22, 29, 35, 49,
73, 125, 151, 179; /Ian Wallace 81, 85, 89, 93, 97,
101, 107, 121, 126, 127, 131, 183, 193; /Jeremy
Hopley 143, 147; /Lis Parsons 77, 135, 139, 154,
208; /Stephen Conroy 111, 169, 173, 177, 188;
/William Lingwood 105.